München

Der praktische Reiseführer für Ihren Städtetrip

Impressum

Copyright © 2017 by arp / Ausgabe Januar 2023

Herausgeber by arp

Ledererstraße 12, 83224, Grassau, Deutschland

info@by-arp.de

Covergestaltung by arp

Foto Cover: Marienplatz mit altem Rathaus

Text und Fotos Angeline Bauer

Besuchen Sie uns im Internet: http://www.by-arp.de

Tipp: Lesen Sie die informativen Artikel am Ende dieses Reiseführers bereits vor Abreise, damit Sie sich auf die örtlichen Gegebenheiten einstellen können und vor unangenehmen Überraschungen sicher sind.

Dieser Reiseführer ist ein praktischer Begleiter für Ihren Städte-Kurztrip. Was die Auswahl der Sehenswürdigkeiten betrifft, beschränkt er sich auf das Wesentliche und ist für Leute konzipiert, die nur einen Tag oder ein Wochenende in München verbringen können und in dieser Zeit das Wichtigste sehen wollen.

Der Altstadt-Rundgang, den wir für Sie zusammengestellt haben, bringt Sie in logischer Reihenfolge zu den angesagten Sehenswürdigkeiten. Bleiben Sie nur einen Tag, können Sie auf diesem Rundgang schon vieles von dem kennenlernen, was München ausmacht. Für den Fall, dass Sie noch etwas länger bleiben, bieten wir Ihnen diverse Vorschläge an, aus denen Sie sich je nach Interesse ein eigenes Zusatzprogramm zusammenstellen können.

Viele Tipps und die wichtigsten Adressen, Links und Telefonnummern ersparen Ihnen in der Vorbereitungsphase für Ihren Städtetrip mühevolles Recherchieren. Besondere Museen und Festivals finden ebenso Erwähnung wie z.B. Parkmöglichkeiten, regionale Spezialitäten, Hinweise für Rollstuhlfahrer, Camper oder Hundebesitzer. Hotels und Restaurants werden nicht empfohlen.

Inhaltsverzeichnis

Allgemeines

Die Münchner selbst nennen ihre Stadt 'Minga'. Sie liegt im Südosten Deutschlands unweit der Alpen, ist die Landeshauptstadt des Freistaates und einstigen Königreichs Bayern und kann sich mit unzähligen Superlativen schmücken. Mit nahezu 5000 Einwohnern pro Quadratkilometer bringt es München auf 1,5 Millionen Einwohner und ist die am dichtesten bevölkerte und wohl deshalb auch teuerste Stadt Deutschlands. Etwa jeder vierte Einwohner ist Ausländer, die meisten von ihnen Türken, gefolgt von Kroaten und Griechen. Die flächenmäßige Ausdehnung der Stadt beträgt von Nord nach Süd knapp 21 Kilometer, von Ost nach West knapp 27 Kilometer, die Stadtgrenze umfasst 119 Kilometer. Seit 1821 ist die Stadt, deren Einwohner traditionell römisch-katholisch geprägt sind, Sitz des Erzbistums München-Freising.

Trotz ihrer Bedeutung als einstige kaiserliche Residenzstadt war München noch zum Beginn des 18. Jahrhunderts relativ klein. Um 1700 zählte man gerade einmal 24.000 Einwohner. Das änderte sich erst gegen Ende des 18. und zu Beginn des 19. Jahrhunderts. 1871 lebten bereits 170.000 Menschen in München, 1933 waren es 840.000.

Durch München fließen nicht nur die Isar, die Würm und mehrere Stadtbäche wie der Eisbach oder der Auer Mühlbach, es gibt im Stadtgebiet auch einige kleine und größere Seen, die den Bewohnern zur Erholung dienen, zum Baden und zum Wassersport einladen. Am Eisbach finden sich sogar Wellenreiter ein.

Was Kriminalität betrifft, gilt München als sicherste Großstadt Deutschlands. Sie ist eine der wirtschaftlich erfolgreichsten und am schnellsten wachsenden Metropolen der Bundesrepublik – nur Hamburg und Berlin sind größer - und zählt zu den bedeutendsten Finanzzentren weltweit. Zahlreiche Konzerne und Versicherungen (z.B. BMW oder Allianz) sowie nationale und internationale Behörden haben Sitz in München.

1972 wurden die XX. Olympischen Spiele in München abgehalten, woran noch der Olympiapark mit seinen damals futuristisch anmutenden Bauten erinnert. Ansonsten zeigt sich das Stadtbild eher gemütlich denn hypermodern oder spektakulär, denn seit einem Bürgerentscheid von 2004 dürfen im Stadtgebiet keine Gebäude mehr errichtet werden, die höher als die Frauenkirche sind.

Berühmte Söhne und Töchter der Stadt sind so zahlreich, dass wir hier nur einige der neueren Zeit nennen möchten: Eugen Roth, Carl Orff, Golo Mann, Robert Lembke, Curd Jürgens, Isabella Nadolny, Wolfgang Sawallisch, Max Greger, Margit Schramm, Ingeborg Hallstein, Rex Gildo, Philipp Lahm und viele mehr.

Im Hintergrund das Alte Rathaus

Geschichte

Im Augsburger Schied, einer am 14. Juni 1158 von Kaiser Friedrich I. Barbarossa unterzeichneten Urkunde, wird München unter der Bezeichnung 'forum apud Munichen' (Ort bei den Mönchen) zum ersten Mal urkundlich erwähnt. Aus Munichen hat sich schließlich der Name München entwickelt. Ob und wenn ja an welcher Stelle genau es tatsächlich einmal eine Niederlassung von Mönchen gegeben hat, konnte bisher nicht zweifelsfrei belegt werden.

Die im frühen Mittelalter nur kleine und unbedeutende Siedlung lag an der damals so wichtigen Salzstraße, die von Reichenhall und Berchtesgaden nach Augsburg führte. Auf diesem Weg gab es nur eine einzige Brücke über die Isar. Sie war in Freising und unterstand dem dortigen Bischof Otto, der für die Überquerung einen satten Wegezoll einstrich.

Doch Mitte des 12. Jahrhunderts baute Heinrich der Löwe, Herzog von Sachsen, eine zweite Brücke, etwa dort wo heute das Deutsche Museum steht. Als die Kaufleute diese neue Brücke nicht annahmen und weiter über die Freisinger Brücke gingen, brannte er letztere kurzerhand nieder.

Der Streit zwischen Heinrich und Otto eskalierte, schließlich musste Kaiser Friedrich Barbarossa ein Machtwort sprechen. Im Augsburger Schied (siehe oben) legte er fest, dass Heinrich seine Brücke behalten und weiterhin Zölle kassieren konnte. Darüber hinaus erhielt er auch noch das Markt- und Münzrecht für 'Munichen'. Allerdings musste er im Gegenzug dem Bischof von Freising ein Drittel der daraus resultierenden Einnahmen abtreten. Doch Heinrich fiel in Ungnade und wurde 1180 vom Kaiser geächtet. Darauf kam Bayern in Besitz der Wittelsbacher, und München ging an den Bischof von Freising.

Im Jahr 1314 wurde Herzog Ludwig IV. zum deutschen König und 1328 zum römisch-deutschen Kaiser gekrönt. Er machte München zur kaiserlichen Residenzstadt. Damit begann Münchens Aufstieg zur bayrischen Landeshauptstadt und heute drittgrößten Metropole Deutschlands.

Ereignisse wie Reformation und Gegenreformation, die Besatzung durch schwedische Truppen im Dreißigjährigen Krieg und die Pest im 17. Jahrhundert, der nahezu ein Drittel der Bevölkerung zum Opfer fiele, setzten der Stadt schwer zu. Doch sie erholte sich schnell und blühte unter Kurfürst Ferdinand Maria bald wieder auf.

Als sich Bayerns Kurfürst Maximilian II. Emanuel von Bayern jedoch auf eine Allianz mit dem Franzosenkönig Ludwig XIV. gegen den Habsburger Kaiser und seine deutschen Verbündeten einließ (Spanischer Erbfolgekrieg), rächte sich das bitter. Seine Truppen wurden von den 'Kaiserlichen' zweimal vernichtend geschlagen, worauf München 1704 unter habsburgische Besatzung kam. Die Bayrischen Bauern wollten aber nicht aufgeben. „Lieber bayerisch sterben als kaiserlich verderben!" Mit diesem Schlachtruf fielen sie an Weihnachten 1705 in München ein. Ein blutiges Massaker war die Folge, München mit Leichen gepflastert.

1742 besetzten habsburgische Truppen die Stadt erneut. Erst als Maximilian III. Joseph die Großmachtpolitik seiner Vorgänger aufgab, kam München wieder zur Ruhe.

Gegen Ende des 18. Jahrhunderts wurde die mittelalterliche Stadtbefestigung geschleift. München erlebte einen neuen Boom und wurde zur Hauptstadt des napoleonischen Königreichs Bayern. Unter König Ludwig I. (1825–1848), seinem Sohn Max II. (1848–1864) und dessen Bruder Prinzregent Luitpold (1886–1912) entwickelte sich München zu einem Zentrum der Künste und erlebte einen gewaltigen wirtschaftlichen und kulturellen Aufschwung. Schwabing mauserte sich zum Künstlerviertel. Literatur- und Künstlergruppen wie 'Die Krokodile', 'Die Zwanglosen', 'Der Blaue Reiter' oder die Münchner Kulturzeitschrift 'Die Jugend', die namensgebend für den Jugendstil war, wurden gegründet.

Der Erste Weltkrieg folgte. Zwar verursachten drei Luftangriffe der Franzosen nicht allzu große Schäden, doch die Bevölkerung musste Hunger leiden. Mit dem Ende des Krieges wurde auch die Monarchie abgeschafft, und aus dem einstigen Königreich wurde der Freistaat Bayern als Teil der ersten deutschen Republik. Revolutionsversuche, die niedergeschlagen wurden, folgten. Auch die Münchner Räterepublik scheiterte.

Adolf Hitler betrat die politische Bühne und stieß mit seinen Parolen in München auf fruchtbaren Boden. Die Stadt wurde zur Brutstätte für nationalsozialistische Aktivitäten. 1935 verlieh Hitler München gar den Titel 'Hauptstadt der Bewegung'.

Doch es gab auch Menschen, die sich widersetzten – man denke nur an das Hitlerattentat Georg Elsers im Bürgerbräukeller oder an die Geschwister Sophie und Hans Scholl, Begründer der studentischen Widerstandsbewegung 'Weiße Rose'.

Im Zweiten Weltkrieg kam München bei den alliierten Luftangriffen nicht so glimpflich davon. Die historische Altstadt wurde zu 75 Prozent zerstört, die umliegenden Stadtteile zu 50 Prozent. Etwa 6000 Menschen fanden den Tod, mehr als doppelt so viele wurden verletzt. Die Zerstörung war so enorm, dass ernsthaft erwogen wurde, die Stadt in Schutt und Asche liegen zu lassen und bei Percha am Starnberger See (damals hieß er noch Würmsee) neu aufzubauen. Doch dann entschloss man sich zu bleiben. „Rama dama" (wörtlich übersetzt: räumen tun wir), hieß es, und man baute die Stadt am gleichen Ort nach alten Pläne und Fotos wieder auf.

Heute ist München Messestadt, High-Tech-Standort und Sitz vieler Weltunternehmen. Medien, Banken und Versicherungen sind in München ansässig. Kunstsammlungen in bedeutenden Museen, Kultur und Tradition wie z.B. das Hofbräuhaus oder das Oktoberfest ziehen Touristen an.

Altstadtrundgang

Anmerkungen zu unserem Rundgang

Wir beginnen unseren Rundgang ab Hauptbahnhof, aber natürlich müssen Sie nicht gezwungenermaßen am Bahnhof anfangen. Sie können bei jeder von uns beschriebenen Sehenswürdigkeit in unseren Rundgang einsteigen. Dann suchen Sie im Inhaltsverzeichnis einfach die Sehenswürdigkeit, mit der Sie beginnen wollen, und folgen von da an wie beschrieben dem Weg.

Der von uns vorgeschlagene Rundgang ab Hauptbahnhof bis Hauptbahnhof hat eine Wegstrecke von 5,4 Kilometern. Man würde ohne anzuhalten bei normalem Tempo etwa 70 Minuten gehen.

Tipp: Holen Sie sich in der Touristeninfo am Hauptbahnhof einen kostenlosen Stadtplan. Wenn Sie von den Gleisen kommend geradeaus weitergehen und den Bahnhof durch den Haupteingang verlassen (Sie haben das Bahnhofsgebäude im Rücken), finden Sie die Info rechts.

Abkürzung unseres Rundgangs mit der Tram – Straßenbahn Linie 19

In München heißt die Straßenbahn Tram. Wenn man am Hauptbahnhof in die Linie 19 in Richtung St.-Veit-Straße einsteigt, kann man den Rundgang etwas abkürzen. Es geht über den Stachus zum Lenbachplatz und weiter über den Promenadeplatz durch die Fußgängerzone zum Max-Joseph-Platz (Haltestelle Nationaltheater). Dort aussteigen und mit der Oper beginnen. Dann dem Rundgang folgen bis Marienplatz. Hier sieht man sich die beiden Rathäuser an.

Will man zu Dallmayr, geht man rechts am Neuen Rathaus vorbei – es sind nur 200 Meter. Anschließend zurück zum Marienplatz.

Hat man das Rathaus nun rechts von sich und geht geradeaus, gelangt man auf die Kaufingerstraße und kommt noch an der Frauenkirche, St. Michael, und der Bürgersaalkirche vorbei. Schließlich erreicht man das Karlstor (Stachus). Hier mit der Rolltreppe Richtung U-Bahn und den Wegweisern zum Bahnhof folgen.

Diese Wegstrecke beträgt insgesamt 4,2 Kilometer. Mehr Münchenfeeling baut man allerdings auf dem Weg zu Fuß auf ...

Besitzt man kein Bayernticket oder keine Tageskarte, kann man mit Kleingeld eine Fahrkarte an den Automaten direkt in der Trambahn lösen. Sie benötigen eine einfache Fahrt für eine Zone. Das Ticket ist drei Stunden gültig. Innerhalb dieses Zeitraumes darf man auch aussteigen und anschließend in *dieselbe Richtung* weiterfahren.

Unser Rundgang mit Rikscha – Alternative für Leute, die nicht so gerne laufen

Sollte Ihnen unser Rundgang zu weit sein, bietet sich an, eine Rikscha zu mieten.

Fahren Sie zum Marienplatz. Dies ist sowohl mit den S-Bahn Linien 1-8, als auch mit dem Auto möglich, denn am Marienplatz gibt es eine Parkgarage. Vor dem Rathaus stehen Rikscha-Fahrer. Lassen Sie sich in der von uns vorgegebenen Folge zu den einzelnen Punkten unseres Rundgangs bringen. Den Fahrpreis vorher aushandeln! Vom Marienplatz (Altes und Neues Rathaus) fahren Sie zu Dallmayr, zur Oper, zum

Odeonsplatz usw. Zurück auf dem Marienplatz machen Sie einen Abstecher zum Dom, zu St. Michael, der Bürgersaalkirche und zum Karlstor. So haben Sie den ganzen Rundgang erlebt. Allerdings ist die Rikscha-Tour für Menschen mit erheblichen Rückenproblemen nicht geeignet.

Adresse der Parkgarage: Am Rindermarkt 16, 80331 München

Tipp: Um zur S-Bahn zu kommen, verlassen Sie die Ankunftshalle mit den Gleisen im Rücken nach links, dann ins 2. Untergeschoss, Richtung Ostbahnhof.

Auf geht's - und los!

Hauptbahnhof

Der erste Bahnhof Münchens wurde 1839 gut einen Kilometer westlich des heutigen Bahnhofes errichtet. Die Anlage bestand aus einem Bahnhofsgebäude aus Holz, in dem sich zwei Wartesäle und einige Diensträume befanden. Hinzu kamen zwei Kassenhäuschen und die Bahnhofshalle mit zwei Gleisen, die mit einer Drehscheibe zum Wenden der Züge versehen waren.

Die angeschlossene Strecke führte von München nach Augsburg und wurde von etwa 400 Reisenden pro Tag genutzt.

Doch schon bald erwies sich dieser Bahnhof als Fehlplanung. Er war zu weit von der Innenstadt entfernt, das Holzgebäude zu klein und nicht repräsentativ genug. Neuplanungen wurden ins Auge gefasst, doch eine Entscheidung immer wieder hinausgezögert. Schließlich fiel der Bahnhof am 4. April 1847 einem Brand zum Opfer, dessen Ursache nie aufgeklärt werden konnte. Jetzt endlich musste gehandelt werden! Schon am Tag darauf entschied man sich, den neuen Bahnhof dort zu bauen, wo er sich heute noch befindet.

Da der Bahnhof immer mehr an Bedeutung gewann, wurde er im Laufe der Zeit mehrmals umgebaut und erweitert. Im Zweiten Weltkrieg erlitt das Bahnhofsgebäude so schwere Beschädigungen, dass man es komplett sprengte und an derselben Stelle ein neues und moderneres Gebäude errichtete. Inzwischen verfügt der Kopfbahnhof über 32 ober- und zwei unterirdische Bahnsteiggleise. Damit rangiert er, was die Anzahl der Gleise betrifft, weltweit an zweithöchster Stelle und ist mit etwa 450.000 Reisenden pro Tag nach dem Hamburger Hauptbahnhof der am zweitstärksten frequentierte Fernbahnhof Deutschlands.

Ein Link zum Lageplan Hauptbahnhof München:
https://www.einkaufsbahnhof.de/muenchen-hauptbahnhof/lageplan

Achtung! Wer in München die Bahnsteige von U- oder S-Bahn betritt, benötigt eine Bahnsteigkarte! Solche 'Warte-Tickets gab es früher einmal an allen Bahnhöfen Deutschlands, heute nur noch in München und Hamburg. Löst man sie nicht, wird man zum 'Schwarzfahrer' und muss gegebenenfalls ein Bußgeld von 60 Euro berappen, auch wenn man überhaupt nicht fährt. Wer also die Stempelanlagen passiert, muss eine Fahrkarte oder ein Warteticket vorweisen können!

Die Bahnsteigkarte bekommt man an allen Automaten der MVG und der Deutschen Bahn, wo man sie allerdings nicht bei den normalen Tickets, sondern bei den 'Freizeitangeboten' findet.

So gehen Sie weiter: Verlassen Sie den Bahnhof mit den Gleisen im Rücken durch die Haupthalle. Am Bahnhofsvorplatz rechts bis zur Straße (Bayerstraße), dort links (man kann durch die Unterführung gehen) und 300 Meter geradeaus bis zum Karlsplatz (Stachus). Um auf die andere Seite des Platzes zu kommen, müssen Sie durch die Unterführung 'Karlsplatz Stachus Passage'. Gehen Sie unterirdisch geradeaus weiter und nehmen Sie den Ausgang Kaufinger Straße.

> Tipp: In München gilt das ungeschriebene Gesetz für Rolltreppenbenutzer: Links gehen, rechts stehen! Halten Sie es nicht ein, werden Sie unter Umständen angemotzt.

Karlsplatz / Stachus

Stachus mit Springbrunnen und Justizpalast im Hintergrund

Der Karlsplatz, den die Münchner Stachus nennen, ist viel besungen und weithin bekannt. Sogar ein Sprichwort gibt es über ihn, der einst als verkehrsreichster Platz Europas galt: „Da geht es zu wie auf dem Stachus!" sagt man, wenn man zum Beispiel beim Schlussverkauf in einem Kaufhaus vor lauter Menschen keinen Fuß mehr vor den anderen setzen kann.

Seit man unter dem Platz durchgeht, wenn man zum Beispiel vom Bahnhof in die Kaufingerstraße will, kommt einem das Chaos auf dem Stachus nicht mehr ganz so groß vor wie anno dazumal, als sich hupende Autos an bimmelnden Straßenbahnen vorbeidrängten, dazwischen auch noch Radfahrer, Fußgänger und das eine oder andere Pferdefuhrwerke den Platz überquerten.

Die 'Stachus-Passagen' zählen zu den größten unterirdischen Bauwerken der Welt. Sie dehnen sich über eine Fläche von annähernd 8000 Quadratmetern aus. Es gibt Zugänge zu den Stationen der S- und U-Bahn, Geschäfte, Kioske und alle erdenklichen Imbissbuden.

Von der Currywurst bis zur Frühlingsrolle, vom Rollkragenpulli bis zum Zahnstocher bekommt man in den Stachus-Passagen alles.

Beim Bau dieser Passagen Ende der 1960-er und Anfang der 1970-er Jahre wurde ein antiker Fluchttunnel entdeckt, durch den man vom Karlstor aus hinter die feindlichen Linien gelangen konnte. Ein Stück davon kann am Brunnenplatz der Stachus-Passagen im 1. Untergeschoss besichtigt werden.

Für Interessierte ein Lageplan der Stachus-Passagen:
http://www.stachus-passagen.de/untergeschoss-1/

Seinen inoffiziellen Namen hat der Platz einer Wirtschaft mit Biergarten zu verdanken, die sich etwa dort befand, wo heute der Kaufhof steht. Der Wirt, der dieses Gasthaus ab 1728 betrieb, hieß Mathias Eustachius Föderl, kurz 'Eustachi'. Nach ihm erhielt die Gastwirtschaft den Namen 'Stachus-Garten', und bald bürgerte sich auch für den Platz der Name 'Stachus' ein.

1791 ließ Kurfürst Karl Theodor die Stadtmauer und die im 17. Jahrhundert entstandene Bastion vor dem damaligen 'Neuhauser Tor' schleifen und an dieser Stelle einen neuen und repräsentativen Platz anlegen, der zunächst 'Neuhauser-Tor-Platz' hieß, 1792 aber zu Ehren des bayerischen Kurfürsten Karl Theodor in 'Karls-Thor-Platz' und schließlich in 'Karlsplatz' umbenannt wurde. Kurfürst Karl Theodor war bei den Münchnern allerdings nicht gerade beliebt, weil er ihr Bayern ausgerechnet an die verhassten Österreicher verscherbeln wollte. Vermutlich hat sich der ursprüngliche Name des Platzes deshalb so hartnäckig gehalten ...

Den großen Springbrunnen, nach einem Entwurf von Bernhard Winkler gestaltet, erhielt der Karlsplatz in Vorbereitung auf die Olympischen Spiele von 1972. Zeitgleich wurde die erste Münchner U-Bahn gebaut, und man hat die verkehrsreiche Neuhauser Straße, die am Karlstor beginnt, zu einer der größten Fußgängerzonen Europas umgestaltet. Der Brunnen wurde schon bald zum beliebten Treffpunkt für Jung und Alt. Im Sommer sitzt man auf den Steinen der Umfassung, kühlt sich die Füße im Wasser, isst Eis oder Obst und sieht den Leuten zu. Im Winter wird der Brunnen kurzerhand zur Eislaufbahn umfunktioniert. Dann trinkt man Glühwein, der dort ausgeschenkt wird, und sieht den Leuten beim Schlittschuhlaufen zu. Nachts wird der Brunnen von achtundzwanzig Leuchten angestrahlt.

Blickt man mit dem Karlstor im Rücken schräg rechts über den Platz, sieht man ein beeindruckendes Gebäude mit einer Kuppel. Das ist der Justizpalast, der ab 1891 nach Plänen von Friedrich von Thiersch im neobarocken Stil erbaut und 1898 fertiggestellt wurde. Obwohl die dem Karlsplatz zugewandte Ostseite die eigentliche Schauseite ist, wirkt der Bau von der Nordseite betrachtet viel leichter und gefälliger. Das mag am 'Neptunbrunnen' und der Gartenanlage (Alter Botanischer Garten) liegen, die den Palast von dieser Seite freundlicher wirken lassen. Vom Alten Botanischen Garten, der einst ein riesiger Glaspalast war, steht heute nur noch das Eingangstor. Betritt man schließlich das Gebäude, wird man angesichts der riesigen Halle mit den grandiosen Treppenaufgängen vor Ehrfurcht ganz klein.

Das Karlstor

ist eines der vier großen Münchner Stadttore der zweiten (äußeren) Stadtmauer, die aufgrund einer Stadterweiterung nötig geworden war. Ein Tor an dieser Stelle wurde 1302 zum ersten Mal urkundlich erwähnt. Zu diesem Zeitpunkt hieß es noch Neuhauser Tor, weil die Straße, die durch dieses Tor aus der Stadt führte, nach Neuhausen ging. Im Zuge der Neugestaltung des Stachus', der 1791 zum 'Karl-Thor-Platz' wurde, erhielt es seinen heutigen Namen. Die anderen Tore waren das Schwabinger Tor im Norden, das es heute nicht mehr gibt, das Isartor im Osten und das Sendlinger Tor im Süden. Dazu kamen sechs kleine Tore.

Das Karlstor wurde im 15. Jahrhundert durch die beiden seitlichen Türme verstärkt, die man im Laufe der Zeit mehrmals umgestaltet hat. Zum letzten Mal 1899 bis 1902 beim Bau des 'Stachus-Rondells', wie die bogenförmigen Gebäude rechts und links des Tores genannt werden. Architekt war Gabriel von Seidl. Nachdem die Anlage im Zweiten Weltkrieg schwer beschädigt worden war, hat man das Karlstor in etwas vereinfachter Form wiederaufgebaut.

Geht man durch den mittleren Bogen des Tores, sieht man an der nördlichen Innenseite ein Denkmal zu Ehren Herbert Jensens (1900–1968), dessen Idee es war, die verkehrsreiche Neuhauser- zusammen mit der weiterführenden Kaufingerstraße zur Fußgängerzone umzugestalten. Es sind drei musizierende Kinder, die der Künstler Konrad Knoll 1866 für den Fischbrunnen geschaffen hatte, und die bei der Neugestaltung des

Brunnens im Jahr 1954 durch Josef Henselmann keine Verwendung mehr fanden.

Die kleinen Reliefbüsten an den vier äußeren Ansatzpunkten der Kreuzrippen des mittleren Torbogens nennt man 'Kragenköpfe'. Sie zeigen bekannte Münchner Originale, die es allesamt 'faustdick hinter den Ohren hatten'.

Links neben den drei musizierenden Kindern (nordwestlich) sieht man den Rosshändler und Rennstallbesitzer Franz Krenkl (1780 – 1860). Ihm ist das geflügelten Wort zu verdanken: „Wer ko, der ko" (wer kann, der kann). Diese Frechheit rief er Kronprinz Ludwig zu, als er dessen Kutsche im Englischen Garten überholte, was nicht nur ungehörig, sondern sogar verboten war. Seit 1990 verleiht die SPD München-Süd einen nach ihm benannten Preis für Zivilcourage und bürgerschaftliches Engagement.

Rechts der musizierenden Kinder sieht man den Baron Sulzbeck (1767 – 1845), der gar kein Baron war, sondern ein bekannter Kontrabassist, Wirtshausmusiker und Kapellmeister. Der Münchner Volkssänger gab gerne und oft den Landler „Hurraxdax, packs bei da Hax" zum Besten, was eigentlich nicht zu übersetzen ist. Man könnte sagen: Hurtig, nimm die Beine unter die Arme!

Dreht man sich mit dem Rücken zu den drei musizierenden Kindern, sieht man rechts den 'Finessensepperl' (1763 – 1829), der gegen ein kleines Trinkgeld zuverlässig und verschwiegen Liebesbriefe zustellte, wodurch er so manchem gehörnten Ehemann wohl ein Dorn im Auge gewesen sein dürfte. Eigentlich hieß er Joseph Huber, war von Beruf Krämer und Bote und von kleinwüchsiger Gestalt. Er erfand das geflügelte Wort: „Nix Gwiss woass ma ned", was etwa bedeutet: Man kann sich nie sicher sein, ob die Sache wirklich so ist wie sie ist.

Linkerhand wurde Georg Pranger genannt 'Prangerl' verewigt. Er war ein begnadeter Musiker und diente König Max I. Joseph als Hofnarr. Er lebte von 1745 bis 1820 und war der letzte seines Zeichens am bairischen Königshof. Dass er sich so manchen Schabernack erlaubte, versteht sich von selbst.

So gehen Sie weiter: Durch das Karlstor und etwa 100 Meter geradeaus. Die Bürgersaalkirche liegt linker Hand mitten in einer Häuserzeile. Da sie keinen Turm hat, ist sie von außen nur schwer als Kirche zu erkennen. Auffällig ist ihre rot-weiße Barockfassade. Über dem Portal thront in einem Halbmond eine Madonna mit Kind.

Adresse: Neuhauser Straße 14 – Fußgängerzone.

Tipp: Auch wenn man sich nicht für Kirchen interessiert, lohnt sich ein Besuch, denn in der Unterkirche wird das Leben Pater Rupert Mayers dokumentiert, der sich den Nationalsozialisten widersetzt hat und deshalb ins KZ Sachsenhausen verschleppt wurde. Die Oberkirche ist ein prächtiger Barocksaal.

Die Bürgersaalkirche

wurde in den Jahren 1709 und 1710 nach Plänen des Oberhofbaumeisters Giovanni Antonio Viscardi als Versammlungsraum einer Marianischen Männer-Kongregation (eine Bewegung der Marienverehrung, der nur Männer angehören) erbaut, die sich hundert Jahre zuvor gegründet hatte. 1778 hat man den Saal schließlich zur Kirche geweiht.

Sie ist in zwei Geschosse gegliedert – die Ober- und die Unterkirche. In der dreischiffigen Halle des Untergeschosses, das erst Ende des 19. Jahrhunderts zur Kirche umgestaltet wurde, befand sich ursprünglich die Druckerei der Kongregation. Große Bedeutung erlangte dieser Teil der Kirche durch den ehemaligen Präses der Ordensgemeinschaft, den seliggesprochenen Pater Rupert Mayer, der hier unter einer Marmorgrabplatte begraben liegt. Durch ihn wurde sie 1948 zur Wallfahrtsstätte, die auch die Päpste Johannes Paul II. und Benedikt XVI. besucht haben.

Auf dem ehemaligen Hochaltar hinter der Grabplatte ist eine Figur der thronenden Muttergottes mit dem Jesuskind als Salvator mundi (Erlöser) zu sehen, die um 1925 von Franz Drexler geschaffen wurde. Darunter halten zwei Engel die Wappen Münchens und Bayerns, deren Schutzpatronin die Muttergottes ist.

Die liturgischen Orte des Untergeschosses (Altar, Ambo usw.) wurden 2003 von Dr. Hannah Stegmayer (Kunsthistorikerin) und Toni Stegmayer (Bildhauer) gestaltet. Die Kreuzweg-Gruppen aus Lindenholz, die in den Nischen der Wände zu sehen sind, hat Hans Sprenger nach Modellen Josef Elsners gegen Ende des 19. Jahrhunderts geschaffen. Sie bestehen aus jeweils vier Figuren und zeichnen die 14 Stationen des Leidensweges Jesu Christi nach.

Die Krippe im rückwärtigen Teil der Unterkirche wurde nach dem Zweiten Weltkrieg von Theodor Gämmerler gestaltet. Nach altem Brauch zeigt sie in terminlich wechselnder Reihenfolge das ganze Jahr über Szenen aus dem Alten und Neuen Testament, die von der Verkündigung an Maria bis Maria Lichtmess reichen.

Sehr eindrucksvoll ist die Geschichte von Pater Rupert Mayer, die in der Unterkirche dokumentiert wird. Weil er sich gegen die Nazis gestellt hatte, wurde er einige Jahre im KZ von Sachsenhausen in Einzelhaft gehalten. Nach seiner Freilassung verbrachte er unter Auflage eines Predigtverbotes und Bewachung der Geheimen Staats-Polizei bis Kriegsende noch fünf Jahre im Kloster Ettal. Danach ging er nach München zurück, wo er am 1. November 1945, während er eine Messe hielt, vor dem Altar der Kreuzkapelle in der Münchner Michaelskirche zusammenbrach und kurz darauf starb. Am 3. Mai 1987 wurde er durch Papst Johannes Paul II. aufgrund seines standhaften Glaubens seliggesprochen.

Die Oberkirche erreicht man über zwei breite, gegenläufige Treppen, die von je einer frühbarocken Schutzmantelmadonna flankiert werden. Droben angekommen öffnet sich ein länglicher, mit Stuck und Wandgemälden reich verzierter barocker Saal. Die vielen Fenster an beiden Seiten des Raumes lassen ihn hell und freundlich wirken. Bei den Fliegerangriffen im Zweiten Weltkrieg zum Großteil zerstört, wurde er 1959 nach alten Vorlagen wiederaufgebaut.

Der Hochaltar, an der Stirnseite der Kirche, sticht sofort ins Auge. Ein in Silber und Gold gehaltenes Relief des Tiroler Bildschnitzers Andreas Faistenberger aus dem Jahr 1710 hat die Verkündigung an Maria durch Erzengel Gabriel zum Thema. Die vier Rokokobüsten darunter wurden 1768 von einem Münchner Goldschmied Namens Joseph Friedrich Canzler nach Entwürfen von Ignaz Günther geschaffen. Sie stellen die Heiligen Josef, Johannes der Täufer, Johannes der Evangelist und Joachim dar. Die Statuen in den Ecknischen der Altarwand wurden 1947 von Roland Friederichsen geschaffen. Sie zeigen Marias Mutter Anna und ihren Gemahl Josef.

Unter den Seitenfenstern der Kirche hängen vierzehn Ölgemälde von Marienwallfahrtsorten, die zwischen

1725 und 1730 von Franz Joachim Beich gemalt wurden. Ebenfalls größtenteils noch im Original erhalten sind die Fresken in den vermauerten Fensteröffnungen, erschaffen in den Jahren 1710 bis 1712 von Johann Anton Gumpps. Auch sie zeigen Szenen aus dem Leben Marias. Die Medaillonbilder über den Fenstern stammen aus der Hand von Franz Seraph Kirzingers, der sie zwischen 1773 und 1774 schuf. Sie thematisieren die Tugenden der Gottesmutter. Die beiden Deckengemälde sind jüngeren Datums. Sie stammen aus dem Jahr 1973 und wurden von Hermann Kaspar geschaffen. Auf ihnen sind die Anbetung des Christkinds und die Himmelfahrt Marias zu sehen.

Die Orgel, die 1994 zu Ehren Pater Rupert Mayers geweiht wurde, stammt aus der Werkstatt des Münchner Orgelbauers Vleugels und wurde dem Originalinstrument von 1730 nachempfunden. Sie umfasst 50 Register mit 2905 Pfeifen.

Alljährlich zur Weihnachtszeit wird im Altarraum der Oberkirche ein wundertätiges gefatschtes (bedeutet stramm umwickeltes) Christkind zur Verehrung ausgestellt. Ursprünglich im Besitz der Münchner Augustinerkirche, gelangte es im Zuge der Säkularisation um 1817 an die Marianische Männer-Kongregation.

So gehen Sie weiter: Setzen Sie Ihren Weg fort. Nach ca. 100 Metern öffnet sich die Straße zu einem Platz. Dort sehen Sie links die St. Michael Kirche.

Adresse: Neuhauser Str. 6

St. Michael – letzte Ruhestätte König Ludwigs II.

Nachdem Herzog Albrecht V. 1556 mit den Jesuiten übereingekommen war, in München eine Höhere Schule zu gründen, wurde St. Michael als Teil dieses zukünftigen Jesuitenkollegs errichtet und Ende des 16. Jahrhunderts unter Herzog Wilhelm V. fertiggestellt. Sie ist die erste und größte Renaissancekirche nördlich der Alpen und gilt als Vorbild barocken Kirchenbaus im süddeutschen Raum. Ursprünglich wurde die 'Gesellschaft Jesu' als Speerspitze gegen die Reformation gegründet, um ihr auch auf intellektueller Ebene entgegenzutreten, sie also durch Bildung zu bekämpfen. Ganz in diesem Sinne entwickelten sich St. Michael und das Kolleg zum geistlichen Zentrum der Gegenreformation in Bayern, was sich unter anderem auch im Kircheninneren manifestiert: Das Gewölbe, der Chorbogen und die Bögen zu den Seitenaltären erinnern an antike Triumphbögen, die den Sieg der Katholischen Kirche über ihre Widersacher versinnbildlichen sollen.

Die Jesuiten standen der Kirche und dem Kolleg St. Michael vor, bis der Papst 1773 ihren Orden verbot. Danach gelangten Kolleg und Kirche in königlichen Besitz, und St. Michael wurde Hofkirche. Erst seit 1921 wird die Kirche wieder von den Ordensbrüdern betreut, blieb aber bis heute im Besitz des Bayrischen Staates.

In den Jahren 2009 bis 2013 wurden Fassade und Figuren für mehr als vier Millionen Euro renoviert. Die große Bronzestatue zwischen den beiden Portalen zeigt den Kirchenpatron Erzengel Michael. Im Kampf um den wahren Glauben tötet er mit seiner Lanze den Satan und mit ihm alles Böse. Geschaffen wurde sie von Hubert Gerhard, der etwa von 1555 bis 1620 lebte. Auch die fünfzehn kleineren Figuren in den sandsteinroten Nischen sollen das Böse bannen und das Gute fördern. Es handelt sich um kirchentreue Herrscher, die vor Herzog Wilhelm V. gelebt und gewirkt hatten. Vom Giebel schließlich wacht Christus als Heiland (Salvator) über die Stadt. Die Originalfigur wurde 1944 zerstört und 1981 als Rekonstruktion wieder aufgestellt.

Im Inneren der Kirche spiegelt sich auf der Mittelachse des Kirchenschiffs das Leben Jesu wider. Man sieht ihn als Kind an der Innenwand unter der Empore und in der Ausschrägung Engel, die ihn begleiten und seine Leidenswerkzeuge tragen. Von dort folgt man seinem Weg bis zum wiederkommenden Weltenherrn an der Spitze des Hochaltars. Der Chor symbolisiert dabei den Raum der Auferstehung.

Darunter befindet sich folgerichtig die Gruft des Hauses Wittelsbach - denn von Beginn an war die Kirche nicht nur als Kollegskirche, sondern auch als fürstliche Grablege geplant. In der Gruft ruhen 41 Wittelsbacher. Unter ihnen Wilhelm V., Kurfürst Maximilian I., König Ludwig II. und sein Bruder König Otto. Die meisten bayerischen Wittelsbacher fanden ihre letzte Ruhestätte jedoch in der Gruft der Theatinerkirche, andere wurden im Frauendom beigesetzt.

Anfang März 2016 wurde vor dem Volksaltar quasi als 'Experiment' ein sieben Meter hohes Stahlkreuz aus der Werkstatt des flämisch-italienischen Künstlers Giambologna aufgebaut, der von 1529 bis 1608 lebte. Zu Füßen des Gekreuzigten kniet seine Apostelin Maria Magdalena. Diese Skulptur hat Hans Reichle, der deutscher Meisterschüler Giambolognas, geschaffen.

Mehr als 200 Jahre stand das Kreuz dort, im Zentrum der Kirche, bis es der Architekt Leo von Klenze im Jahr 1819 im Zuge eines Umbaus entfernen ließ. Möglicherweise ist dem Crucifixus dieses Schicksal ein zweites Mal bestimmt, denn erst Anfang 2019 wird sich entscheiden, ob es weiterhin dortbleiben soll.

Überspannt wird der Kirchenraum von einem freitragenden Tonnengewölbe, das nach dem des Peterdomes in Rom das zweitgrößte der Welt ist! Trotz aller Unkenrufe, dass es zu groß sei und einstürzen würde, hielt es von seiner Fertigstellung im Jahr 1588 bis 1944. Im Bombenhagel des Zweiten Weltkrieges erlitt es jedoch so großen Schaden, dass es schließlich einbrach. Der Turm von St. Michael hingegen stürzte bereits 1590 noch während der Bauphase ein und zerstörte dabei den Chor. Das Tonnengewölbe wurde nach dem Krieg wiederaufgebaut, die Stuckdekorationen des Tonnengewölbes 1981 wieder angebracht.

Im Allgemeinen ist St. Michael von 8 Uhr bis 19 Uhr geöffnet.

So gehen Sie weiter: Setzen Sie Ihren Weg fort. Nach etwa 100 Metern sehen sie an einer Abzweigung nach links die Bronzeskulptur eines Wildschweines.

Sie gehört zum

Deutschen Jagd- und Fischereimuseum

in dem über 1000 Tierpräparate und zahlreiche Dioramen sowie ein kompletter Waldlehrpfad gezeigt werden. Als Diorama bezeichnet man Schaukästen, in denen Szenen mit kleinen Modellfiguren vor einer Kulisse oder einem bemalten Hintergrund dargestellt sind.

Details und Öffnungszeiten unter
https://www.jagd-fischerei-museum.de/

Nach weiteren 100 Metern biegen Sie nach links in die Liebfrauenstraße ein, die Sie direkt zum Dom führt.

Der Dom zu unserer Lieben Frau

oder auch „Liebfrauenkirche", ist seit 1802 die Bischofskirche des Erzbischofs von München/Freising. Mit einem umbauten Raum von rund 217.000 Quadratmetern ist die spätgotische, dreischiffige Hallenkirche die größte Hallenkirche überhaupt und die größte

Backsteinkirche nördlich der Alpen. Dass sie aus Backsteinen erbaut wurde, lag an der Tatsache, dass es im Umkreis von München keinen Steinbruch gab. Zur Herstellung der Ziegel wurden riesige Mengen von Fichtenholz benötigt, das aus dem Isarwinkel, einer oberbayerischen Region bei Bad Tölz, herangeflößt werden musste.

Seit 1240 stand an der Stelle des Doms eine Marienkapelle, die von den Wittelsbachern errichtet worden war, jedoch nach zweihundertjährigem Bestehen zu klein wurde und den Münchnern auch nicht mehr repräsentativ genug erschien. Also wurden eine neue und größere Kirche und zeitgleich auch ein neues Rathaus gebaut – gemeint ist das auf dem Cover abgebildete, das heute als 'Altes Rathaus' bezeichnet wird. Als Baumeister und Architekt für beide Projekte hat man den Münchner Jörg von Halspach beauftragt. Unter seiner Leitung wurde die Liebfrauenkirche ab 1468 errichtet und bis auf die Turmhelme in nur 20 Jahren fertiggestellt – ohne die technischen Hilfsmittel unserer modernen Zeit war das eine großartige Leistung.

Die Frauenkirche von außen

Beginnen wir mit den Türmen. Selbst als die Kirche während des Zweiten Weltkrieges durch Luftangriffe schwer beschädigt wurde, blieben die Türme nahezu unversehrt. Mit ihren glockenförmig geschweiften Turmdächern, die man „Welsche Hauben" nennt, sind sie das Wahrzeichen Münchens. Da sich durch den Tod des Baumeisters und den Landshuter Erbfolgekrieg die Fertigstellung der Kirche verzögerte, wurden die Hauben jedoch erst 1525 aufgesetzt.

Sofern an ihm nicht gebaut wird, kann man den Südturm besteigen und von oben einen weiten Blick über München genießen. Der Aufstieg beginnt über eine schmale Treppe, danach geht es im Aufzug weiter. Für Rollstuhlfahrer ist er deshalb nicht möglich.

Man kann aber auch ganz zu Fuß nach oben gehen. Dann kommt man an den sieben Glocken vorbei. Dieses historische Glockenensemble ist eines der wertvollsten Deutschlands. Fünf der Glocken stammen noch aus dem Mittelalter, zwei barocke Glocken kamen später hinzu. Die Salveglocke wiegt etwa acht

Tonnen, damit zählt sie zu den größten Kirchenglocken Bayerns. Darüber hinaus gilt sie unter Kennern als eine der klangschönsten Glocken des Mittelalters.

Drei weitere Glocken hängen im Nordturm. Außerdem existiert im Nordturm noch das hölzerne Tretrad, mit dem einst das Baumaterial nach oben befördert wurde. Männer mussten in ihm laufen wie Hamster, um die Seilzüge mit den schweren Lasten zu bewegen. Dass der Nordturm, wie oft behauptet, aufgrund eines Baufehlers einen Meter höher ist als der Südturm, gehört ins Reich der Sagen. Beide Türme sind bis auf wenige Zentimeter fast gleich hoch, nämlich nahezu 100 Meter.

Ist man droben angekommen, kann man nicht nur die ganze Stadt überblicken, man sieht bei Föhn sogar bis zu den Alpen. Dabei handelt es sich um einen warmen, trockenen Fallwind, der auf der Leeseite größerer Gebirge auftritt.

Das Hauptportal, direkt unter den Türmen, liegt an der Westseite des Domes. Es ist der Mutter Gottes geweiht. Die beiden steinernen Figuren im oberen Bereich links und rechts neben dem Portal zeigen Maria mit dem Kind und Christus als Schmerzensmann. Sie stammen noch aus der Vorgängerkirche und wurden im ersten Drittel des 14. Jahrhunderts geschaffen. Auch die Schnitzerei in der Tür zeigt eine Muttergottes.

Geht man einmal rechts um die Kirche, also an der Südseite des Domes vorbei, findet man dort zahlreiche Grabsteine mit Inschriften angebracht. Sie sind ein Relikt aus der Zeit vor 1800, als die Frauenkirche noch von einem Kirchhof umgeben war. Viele der Tafeln sind kaum noch lesbar, andere wurden in den Jahren 1984 bis 1985 konserviert, darunter auch der Grabsteine des Cosmas Damian Asam. Er war ein Architekt, Maler und Bildhauer des Spätbarocks, dem Bayern einige seiner schönsten Kirchen zu verdanken hat. Auch in München gibt es eine 'Asamkirche', sie befindet sich in der Sendlinger Str. 32.

Als Erstes kommt man am südwestlichen Tor vorbei. Es ist dem Heiligen Arsatius geweiht, der ein Nebenpatron der Kirche ist. Der Figurenschmuck an diesem Portal stellt eine Verkündigungsszene dar. Dabei handelt es sich um eine Kopie. Die Originale aus dem Jahr 1400 werden im Freisinger Dommuseum ausgestellt.

Das nächste Tor ist das 'Brautportal', über dem eine Sonnenuhr zu sehen ist. Trauungen waren im Mittelalter eine weltliche Handlung und wurde deshalb nicht im Inneren am Altar, sondern außen auf den Kirchenstufen vor der sogenannten 'Brauttür' vollzogen. Aus diesem Grund wurden Brautportale meist auch ein Stück zurückversetzt angelegt oder verfügten sogar über einen kleinen abgeschlossenen Vorraum. So waren Priester und Brautpaar vor Sturm, Hagel und Regen geschützt. Erst nach der Zeremonie führte der Priester das Brautpaar in die Kirche, wo dann die eigentliche Brautmesse stattfand. Dieser Brauch hielt sich bei den Katholiken bis ins 15. Jahrhundert, bei den Protestanten noch länger.

Das Brautportal der Frauenkirche hat als einziges der fünf Portale eine reich profilierte gotische Ausschrägung (Gewände). Die Gewändefiguren stellen im äußeren Ring weibliche, im inneren männliche Heilige dar. Darüber, also im äußeren Rundbogen des Portals (Archivolt), ist eine Verkündigung dargestellt. An den Seiten sind wiederum Skulpturen der Maria mit dem Kinde und des Erlösers zu sehen, die um 1430 entstanden. Die Tür selbst ist dem Heiligen Donatus geweiht. Rechts des Portals befindet sich eine Votivtafel mit der Grundsteinlegungsinschrift von 1468. Dass dieses Portal reicher ausgestattet wurde als die übrigen, mag damit zu tun haben, dass es dem Schrannenmarkt (Getreidemarkt), dem heutigen Marienplatz, am nächsten lag. Von dort kamen die meisten Menschen zum Dom, weshalb das Tor auch Schrannentor genannt wurde.

Geht man weiter um den Kirchenchor herum, kommt man schließlich zur Nordseite und dort als erstes zum Bennoportal. Es ist dem Stadt- und Landespatron Benno von Meißen geweiht.

Das fünfte und letzte Portal wurde einem weiteren Nebenpatron der Frauenkirche geweiht, dem Papst und Märtyrer Sixtus II. Links neben dem Portal unter einem Relief ist ein Asylzeichen zu sehen, das Verfolgten Schutz signalisierte. Es ist ein Kreuz das aus einem nach unten weisenden Dreieck wächst. Der Brauch, Verfolgten Kirchenasyl zu gewähren, war lange Zeit in Vergessenheit geraten und hat erst in letzter Zeit durch Aufnahme von Personen, die abgeschoben werden sollten, wieder an Bedeutung gewonnen.

Gegenüber dem Sixtus-Portal steht das Bennobrünnlein. Nachdem der einstige Brunnen an dieser Stelle im Krieg zerstört worden war, hat man ihn 1972 durch diesen Brunnen von Josef Henselmann ersetzt.

Die Frauenkirche von innen

Wie von fast alle großen sakralen Bauten gibt es auch vom Münchner Dom eine Teufelssage zu erzählen. Dabei geht es um den sogenannten 'Teufelstritt', den Fußabdruck, den man in der Vorhalle sehen kann. In einer von mehreren Fassungen der Sage heißt es, dass sich Jörg von Halspach mit dem Teufel verbündet hatte, um die Frauenkirche so schnell (nämlich in nur 20 Jahren) bauen zu können. Allerdings hätte der Beelzebub an seine Hilfe die Bedingung gekettet, dass nach Abschluss der Bauarbeiten kein Fenster zu sehen sein darf. Als sie schließlich fertig war, schlich er sich in die Eingangshalle – dass ein Teufel die eigentliche Kirche nicht betreten kann, versteht sich von selbst. Von jenem markanten Punkt aus konnte man damals tatsächlich kein Fenster sehen, denn die Seitenfenster waren von den vielen Säulen und das Mittelfenster im Chorraum durch einen Hochaltar verdeckt, den es heute nicht mehr gibt. Doch trotzdem war die Kirche hell erleuchtet! Das versetzte den Teufel derart in Wut, dass er aufstampfte und so seinen Fußabdruck hinterließ. Als er von außen die vielen schmalen, hoch aufragenden Fenster entdeckte, wurde seine Wut noch größer, und er schickte einen gar heftigen Wind, der die Kirche zerstören sollte. Es gelang ihm jedoch nicht, wie jeder sehen kann. Allerdings spürt man noch heute eine leichte Brise, wenn man den Dom betritt oder verlässt ...

Auf der rechten Seite beim Eingang findet man das Kenotaph (Scheingrab) von Kaiser Ludwig IV. der Bayer, der von 1282 bis 1347 lebte. Solche Scheingräber, die keine sterblichen Überreste enthalten, wurden als Ehrenzeichen für einen Toten errichtet. Das Kenotaph für Ludwig IV. ist besonders prunkvoll, was die Bedeutung der Wittelsbacher hervorheben soll. Seine sterblichen Überreste findet man in der Bischofsgruft unter dem Dom, wo er zusammen mit 45 weiteren Wittelsbachern und drei Erzbischöfen von München und Freising die letzte Ruhe fand.

Auffallend am Münchner Dom ist, im Gegensatz zu anderen Dombauten, sein helles und einladendes Inneres mit den schlanken bunten Glasfenstern und den weißen, achteckigen, nach oben strebenden Pfeilern, die das Gewölbe tragen und gleichzeitig als Abgrenzung zu den Seitenkapellen dienen. Die Rippen des Gewölbes fügen sich an der Decke in einem ornamentalen Netzwerk zusammen. Auf den Abschlusssteinen in der Mitte der Gewölbejoche sind Wappen der Münchner Familien zu sehen, die den Bau des Domes finanziert haben, und der Domherren, die nach dem Zweiten Weltkrieg zum Wiederaufbau beitrugen.

Es heißt, die Liebfrauenkirche bietet auf einer Länge von 109 Metern und einer Breite von 40 Metern 20 000 Menschen Platz. Wenn man bedenkt, dass München zum Zeitpunkt ihrer Entstehung nur 13 000 Einwohner hatte, lässt einen das erst recht staunen.

Abgesehen von ihrer Größe ist die Frauenkirche jedoch sehr schlicht gehalten. Zwar hat man sie im 17. Jahrhundert dem Zeitgeist entsprechend barockisiert, diese barocken Ausschmückungen im Laufe des 19. Jahrhunderts jedoch wieder entfernt.

Bei Bombenangriffen in den Jahren 1943 bis 1945 wurde der Dom so schwer beschädigt, dass das Hallengewölbe teilweise einstürzte. Da die Ausstattung während der Kriegszeit nicht aus der Kirche entfernt worden war, wurde sie dabei großteils zerstört. Was noch geblieben war, wurde geplündert oder man hat es bei den Aufräumarbeiten zersägt. Beim Wiederaufbau der Kirche in den Jahren 1948 bis 1955 beschränkte man sich darauf, sie baulich wiederherzustellen und beließ sie von der Ausschmückung her in dieser klaren und schmucklosen Form, in der sie sich heute zeigt. Von der ursprünglichen Ausstattung sind

nur einzelne Skulpturen, Gemälde und Glasfenster erhalten, die zum Teil noch aus der Vorgängerkirche
stammen. Beim Bau der Frauenkirche hat man sie mit
eingefügt. Dazu gehören u.a. Fragmente des Fensters
über dem Bennoportal.

Nach einer umfassenden Restaurierung des Domes in
den Jahren 1989 bis 1994 wurden einige sakrale
Kunstgegenstände, die man im Diözesanmuseum
Freising aufbewahrt hatte, in den Dom zurückge-
bracht, wodurch das Kircheninnere nun wieder etwas
reicher ausgestattet ist. Dabei sind, wie schon im Au-
ßenbereich, immer wiederkehrende Themen die
Muttergottes mit dem Kind und Jesus als Schmerzensmann. So sieht man zum Beispiel im Altarbereich
zwölf Reliefs mit Szenen aus dem Lebensweg der Muttergottes und eine Skulptur der Maria Immaculata
(Die Unbefleckte). Das Chorgestühl ist neu, die vielen
Büsten des Chorgestühls stammen jedoch noch aus
dem Mittelalter. Die Automatenuhr (Uhr mit beweg-
lichen Figuren) neben der Sebastianskapelle stammt
aus dem 16. Jahrhundert.

Die Münchner Dommusik hat eine lange Tradition.
Bereits der weltberühmte Komponist und Münchner
Hofkapellmeister Orlando di Lasso (1530-1594) wirkte

hier. Noch heute prägen seine liturgischen Kompositionen die Gottesdienste. Im Dom befinden sich vier Orgeln. Die Hauptorgel, die Chor- oder Andreasorgel im südlichen Seitenschiff, die Holzorgel in der Sakramentskapelle und eine Truhenorgel. Die große Hauptorgel stammt aus der Werkstatt Georg Jann in Alkhofen bei Regensburg. An Sonn- und Feiertagen und zu besonderen Anlässen werden auf ihr Orgelkonzerte gegeben, begleitet von mehreren Domchören und den Kindern der Domsingschule.

Der Hauptgottesdienst am Sonntag beginnt um 10 Uhr. An den anderen Tagen finden die Messen morgens gegen 9 Uhr und abends gegen 17:30 Uhr statt. Während der Gottesdienste sind keine Besichtigungen möglich!

Öffnungszeiten der Frauenkirche Täglich von 7.30 - 20.30 Uhr

Turmbesichtigung von April bis Oktober, Montag bis Samstag: 10 - 17 Uhr

So gehen Sie weiter: Beim Verlassen der Kirche links oder rechts um die Kirche herum. Auf der Chorseite der Kirche beim 'Andechser am Dom' in die Filserbräugasse einbiegen, die auf die Weinstraße stößt.

Dort gehen Sie rechts bis zum Marienplatz (Insgesamt 350 Meter).

Tipp: Bei schönem Wetter kann man in den Gastwirtschaften rund um den Dom herrlich draußen sitzen und etwas trinken oder eine Kleinigkeit essen. Sollten Sie Wert darauf legen, am Rathaus das Glockenspiel zu sehen, müssen Sie um 11 Uhr oder 12 Uhr am Marienplatz sein (vom Dom 5 Minuten zu Fuß). Von März bis Oktober kann man das Glockenspiel auch nachmittags um 17 Uhr erleben.

Marienplatz mit altem und neuem Rathaus

Der Marienplatz ist Münchens Herz und Mittelpunkt. Anno 1315 erhielt die Stadt durch Kaiser Ludwig der Bayer die Marktfreiheit. Damit war der Marktplatz von München zur 'Freiung' erklärt, wodurch den Händlern gewisse Vergütungen zustanden und der Platz der Stadt als Hoheitsgebiet unterstellt war. Ludwigs Zusage war allerdings mit der Auflage verbunden, dass der Marienplatz, der damals einfach nur Markt oder Platz genannt wurde, 'auf ewige Zeiten' unbebaut bleiben sollte.

Marienplatz mit Neuem Rathaus

Späterhin, als auf dem Platz neben den üblichen Lebensmitteln vor allem Getreide verkauft wurde,
nannte man ihn auch Schrannenplatz - Schranne ist
der bayerische Ausdruck für Getreidemarkt oder
Kornspeicher. Der Fischmarkt wurde traditionell auf
der Nordostecke des Platzes abgehalten, woran noch
der Fischbrunnen erinnert.

1566 wurden dort, wo heute das Neue Rathaus steht,
die 'Landschaftshäuser' errichtet, eine Art Landtag
des damaligen Herzogtums Bayern. Neben einem
Marktkreuz standen auch der Schandpfahl und ein
Holzesel auf dem Platz, auf den sich die Delinquenten
rücklings setzten mussten - eine Ehrenstrafe, die der
öffentlichen Schande und Schmähung diente. Es
konnte Ehebrecher treffen, Meineidige, Verräter oder
Frauen, die ihren Mann geschlagen hatten, bzw. Männer, die sich von ihrer Frau hatten schlagen lassen.

Die 'Mariensäule' ließ Kurfürst Maximilian I. im Jahr
1638 errichten. Es sollte ein Zeichen des Dankes an
die Gottesmutter sein, dass die Schweden, die im
Dreißigjährigen Krieg München besetzt hielten, die
Stadt verschont hatten. Doch damit vereinnahmte er
städtisches Hoheitsgebiet, was für die Münchner Bür-
gerschaft eine Provokation bedeutete.

Da die Fläche für den Getreidemarkt auf dem damals noch Schrannenmarkt genannten Marienplatz zu klein geworden war, hat man 1853 in der Nähe des Viktualienmarktes die Schrannenhalle gebaut und den Getreidemarkt dorthin verlegt. Als kurz darauf in München die Cholera ausbrach, entschied man sich, den Platz der Muttergottes zu weihen und in Marienplatz umzubenennen. Durch diesen Schritt erhoffte man sich, die Stadt vor einer Cholera-Epidemie zu retten.

Nachdem der Marienplatz im Zweiten Weltkrieg bombardiert worden war und kaum noch ein Stein auf dem anderen stand, baute man das alte und das neue Rathaus wieder auf, die Gebäude der Südseite wurden bis auf wenige Ausnahmen abgerissen und die modernen Neubauten um mehrere Meter zurückversetzt. Dadurch erhielt der Platz mehr Raum. Eine weitere tiefgreifende Veränderung erfuhr er Anfang der 1970er Jahre durch die Umgestaltung zur Fußgängerzone. Bei dieser Gelegenheit versetzte man die Mariensäule ein Stück in die Platzmitte und stellte dem Alten Rathaus nach historischem Vorbild wieder einen Turm zur Seite. Auch der gotische Turm aus dem Jahr 1462 war im Zweiten Weltkrieg zerstört worden.

Der Fischbrunnen

Bereits 1318 ist auf dem Platz ein Brunnen nachgewiesen. Damals wurde er 'Bürgerbrunnen' und später auch Marktbrunnen genannt und diente der Wasserversorgung der Marktbesucher und Anlieger. Ab etwa 1470 gab es in München eine Wasserleitung, die Wasser von außerhalb ins Stadtgebiet lieferte. Der Brunnen auf dem Marienplatz wurde an dieses Leitungssystem angeschlossen und spendete nun ständig fließendes Wasser.

Der Brunnen von heute ist ein Werk Josef Henselmanns aus dem Jahr 1954. Bei der Gestaltung verwendete er drei Bronzeplastiken des Vorgängerbrunnens, den Konrad Knoll 1865 entworfen hatte. Sie wurden von Ferdinand von Millers gegossen und stellen Metzgerburschen dar, die Wasser aus Eimern in den Brunnen schütten. Drei der ehemals vier musizierenden Kinder, die ebenfalls zu diesem Brunnenensemble gehörten und den Krieg unbeschadet überstanden haben, sind heute - erinnern sie sich? - als Denkmal zu Ehren Herbert Jensens im Karlstor zu sehen. Der bronzene Fisch auf der Mittelsäule des Brunnens ist ein Werk des Henselmann-Schülers Otto Kallenbach.

Tipp: Sollten Sie einen Hund bei sich haben, können Sie ihn hier am Brunnen trinken lassen, denn die Münchener, die vor allem ihre Dackel lieben, haben ihn mit einer bodennahen Trinkstelle für ihre 'Zamperl' ausgestattet, wie man in 'Minga' kleinere Hunde nennt.

Der Metzgersprung

Es gibt einige Traditionen, die mit dem Brunnen in Zusammenhang stehen. Dazu gehört auch der 'Metzgersprung', auf den sich die Bronzeplastiken der Metzgerjungen beziehen. Jedes Jahr am Rosenmontag wurden die Metzger-Lehrlinge am Fischbrunnen 'freigesprochen' – das heißt, sie hatten ihre Lehre beendet und waren von nun an Gesellen. Bei dieser Gelegenheit stürzten sie sich übermütig in den Brunnen und tauchten sich gegenseitig unter. Danach bewarfen sie die Umstehenden mit Äpfeln, Nüssen und Münzen und bespritzten sie mit Wasser. Dieses lustige Spektakel, das noch bis ins 19. Jahrhundert hinein üblich war, nannte man 'Metzgersprung' und war vermutlich ein Initiationsritual, durch die die Lehrlinge von ihren Jugendsünden befreit wurden und nun als

Erwachsene galten. Bei einer Wiederaufführung des Metzgersprungs am 20. Februar 1928 kam es unter den Zuschauern zu einer Art Massenpanik, bei der es 174 Leichtverletzte und auch einige Rippenbrüche gab. Danach fand er erst 1954 anlässlich der Enthüllung des Henselmann-Fischbrunnens wieder statt. Seit 1995 wird er im Dreijahresrhythmus wieder regelmäßig aufgeführt.

Das Geldbeutelwaschen

lässt sich bis ins 15. Jahrhundert zurückverfolgen. Vor allem die ärmeren Schichten vollzogen den Brauch, in der Hoffnung, dass sich dadurch ihre leeren Geldbeutel wieder füllen mögen. Im 19. Jahrhundert nutzten vor allem Boten und Gehilfen den Brauch, um deutlich zu machen, dass sie eine Gehaltserhöhung benötigten. In den 1950er-Jahren führte Oberbürgermeister Thomas Wimmer die Tradition schließlich auch für das städtische Geldsäckel ein. Seitdem waschen der Münchner Oberbürgermeister und der Stadtkämmerer am Aschermittwoch gemeinsam das leere Stadtsäckel im Wasser des Fischbrunnens.

Das Alte Rathaus

Als die Frauenkirche gebaut wurde, hat man zeitgleich auch ein neues Rathaus gebaut. Architekt beider Bauwerke war Jörg von Halspach, der nach seinem Hausnamen 'Ganghofer' genannt wurde. Dieses neue Rathaus, im spätgotischen Stil errichtet, wurde 1480 fertiggestellt, war bis 1874 Sitz des Münchner Magistrats und wird als Repräsentationsgebäude genutzt. Es schließt den Marienplatz im Osten Richtung Tal ab und ist auf dem Cover dieses Reiseführers zu sehen. Heute nennt man es den Tatsachen entsprechend 'Altes Rathaus' (siehe Foto Cover), was manchen verwirren mag, weil das neue (das mit dem Glockenspiel) irgendwie viel älter aussieht.

Im Laufe der Jahrhunderte erfuhr das Gebäude mehrere Umgestaltungen, doch der gotische Fest- und Tanzsaal im ersten Stock blieb dabei immer unangetastet. Sein kunstvoll verziertes Tonnengewölbe von Hans Wengler aus dem Jahr 1477, gehörte zu den architektonischen Meisterleistungen seiner Zeit. Es hat eine Länge von 31 Metern und eine Breite von 17 Metern und ist mit zahlreichen Holzschnitzereien verziert. Die gemalten Wappenfriese an beiden Längsseiten des Saales, die durch geschnitzte Figuren von Moriskentänzern unterteilt werden, zeigen unter anderem Wappen von Königreichen, Kurfürsten und alteingesessenen bayerischen Adelsfamilien. Die Moriskentänzer, geschaffen von Erasmus Grasser, zählen zu den bedeutendsten Holzschnitzbildwerken der Spätgotik in Deutschland und sind enorm wertvoll. Deshalb wurden die Figuren im Festsaal durch Kopien ersetzt. Die Originale sind im Stadtmuseum ausgestellt.

Der umfassendste bauliche Eingriff in das Gebäude wurde im Jahr 1874 vorgenommen, nachdem die Stadtverwaltung in das 'Neue Rathaus' umgezogen war. Man brach im Erdgeschoss kurzerhand eine Durchfahrt und eine Fußgängerpassage aus, die in den Jahren 1934 und 1935 über das ganze Erdgeschoss erweitert wurde.

Im Zweiten Weltkrieg erlitt das 'Alte Rathaus' so große Schäden, dass es gänzlich einzustürzen drohte. Beim Wiederaufbau des Gebäudes und später des Turmes, der 1944 gesprengt worden war, hielt man sich im Großen und Ganzen an das gotische Original.

Im Turm hängt eine Bronzeglocke, die zu jeder halben und vollen Stunde geschlagen wird. Außerdem befindet sich dort das Spielzeugmuseum von München.

Das Neue Rathaus mit Glockenspiel

wurde von dem erst 25-jährigen Grazer Architektur-studenten Georg von Hauberrisser im neugotischen Stil entworfen und in mehreren Bauabschnitten erbaut. Baubeginn war 1867. Doch schon bald zeigte sich, dass das neue Rathausgebäude nicht groß genug sein würde, um die gesamte Verwaltung darin unterzubringen. Ab 1887 begann die Stadt, sämtliche Nachbaranwesen aufzukaufen, um Platz für Anbauten zu schaffen. Schließlich wurde das Rathaus in zwei weiteren Bauabschnitten zu einem vierseitigen Komplex mit mehr als 400 Zimmern und sechs Innenhöfen ergänzt. Der Keller des Rathauses wurde fast komplett zur Gaststätte (Ratskeller) ausgebaut. Erst 1905 war der dritte und letzte Bauabschnitt im Rohbau fertiggestellt, woran auch die explodierenden Kosten schuld gewesen waren, die die Stadtkasse über die Maßen belastet hatten.

Betrachtet man die fast hundert Meter lange Hauptfassade vom Marienplatz aus mit diesem Wissen, ist gut zu erkennen, dass das Gebäude aus zwei Teilen besteht. Der rechte, östlich gelegene Teil mit der Loggia im 2. Stock ist der ältere und wurde aus Backsteinen gebaut. Das linke, westlich gelegen Gebäude mit dem Turm besteht hingegen aus Tuffstein. Um die beiden unterschiedlichen Bauten einander anzugleichen, hat Hauberrisser die gesamte Fassade mit Spitzbogenarkaden versehen. Auch die insgesamt 41 Skulpturen, die über die Fassade verteilt sind, tragen zu einem einheitlichen Bild bei. Es handelt sich um den umfangreichsten Fürstenzyklus an einem deutschen Rathaus. Er zeigt den Welfenherzog Heinrich den Löwen und mit ihm fast die gesamte Bayrische Linie des Wittelsbacher Herrscherhauses. Außerdem wurde im ersten Obergeschoss am Übergang vom Backstein- zum Tuffsteingebäude unter einem steinernen Baldachin ein Reiterstandbild des Prinzregenten Luitpold angebracht, was ebenfalls dazu beiträgt, die beiden Gebäude optisch zusammenzufügen.

Im Zweiten Weltkrieg blieb das Neue Rathaus zum großen Teil verschont, allerdings wurden die meisten der bunten, bleiverglasten Fenster beschädigt und teilweise zerstört. Mit Hilfe von Spenden konnten sie nach Kriegsende restauriert oder erneuert werden. Bei den Wiederaufbauarbeiten erhielt das Rathaus auf der Marienplatzseite außerdem ein zusätzliches Stockwerk, das jedoch so einfühlsam integriert wurde, dass der einstige Eindruck des Gebäudes erhalten blieb.

Der 80 Meter hohe, zwölfstöckige Turm dominiert nicht nur das linke Gebäude, sondern den gesamten Marienplatz. Ganz oben auf seiner Spitze thront die Figur des Münchner Kindls in der Mönchskutte, das zu den Wahrzeichen der Stadt gehört. Im Turmhelm darunter hängen die 43 Glocken des Glockenspiels. Es ist das größte Deutschlands und das fünftgrößte in Europa. Es wird ganz modern mit Solarstrom betrieben, man kann es jedoch auch über eine Klaviatur per Hand bespielen. Etwas weiter unten, im 9. Stockwerk, befindet sich eine Aussichtsplattform, die Besucher über einen Aufzug erreichen können. An Sonn- und Feiertagen bleibt sie jedoch geschlossen.

In den Erkern des siebten Turmgeschosses erscheinen ein Münchner Nachtwächter, der auf seinem Horn bläst, und ein Engel, der das Münchner Kindl segnet. Etwa auf der Höhe des Daches folgt schließlich der Spielerker des Glockenspiels mit seinen 32 Figuren, die auf zwei Etagen angebracht sind. Auf der oberen Etage wird die Hochzeit von Herzog Wilhelm V. mit Renata von Lothringen dargestellt, die im Februar 1568 getraut wurden. Am Fürstenpaar und seinem Hofmarschall ziehen 16 Figuren vorbei, darunter Ritter, Moriskentänzer und Ratsherren. Auf der unteren

Etage tanzen Schäffler (Fassbinder). Nach einer Pestepidemie sollen sie es gewesen sein, die sich als Erste wieder auf die Straßen wagten, um mit ihrem Gildentanz der Bevölkerung Mut zu machen. Seither wird der Tanz der Münchner Schäffler alle sieben Jahre aufgeführt.

Das Glockenspiel kann man täglich um 11 und 12 Uhr und von März bis Oktober zusätzlich noch einmal um 17 Uhr erleben.

In der Adventszeit findet am Marienplatz der Münchner Christkindlmarkt (Weihnachtsmarkt) statt.

Tipp: Falls Sie noch keinen Stadtplan haben, können Sie sich bei der Touristeninfo im Neuen Rathaus einen besorgen.

Falls Sie Ihre Beine schonen möchten, können Sie sich auf dem Marienplatz eine Rikscha mieten. Lassen Sie sich zu Dallmayr und weiter zum Odeonsplatz, von dort durch den Hofgarten zur Bayrischen Staatskanzlei und anschließend zum Hofbräuhaus und zum Viktualienmarkt fahren. Den Rest können Sie wieder laufen.

Oder gehen Sie zu Fuß weiter: Rechts am Rathaus vorbei in die Dienerstraße, die Richtung Norden führt. Links tut sich eine große Grünfläche auf, genannt Marienhof. Gehen Sie an dieser Wiese vorbei zu Dallmayr – das ist das gelbe Gebäude auf der rechten Seite.

Dallmayr

Mit fast eineinhalb Millionen Besucher aus aller Welt, zählt das Dallmayr Delikatessenhaus zu den Besuchermagneten der Stadt München. Noch einmal so viele Münchner kaufen bei Dallmayr ihre 'Schmankerl' und den frisch gerösteten Kaffee. Versteht sich von selbst, dass es dort manchmal zugeht 'wie auf dem Stachus'. Trotzdem sollte man einmal hineingeschaut haben und vielleicht sogar ein Mitbringsel für die Daheimgebliebenen kaufen, denn das 'größte Delikatessengeschäft Europas' ist ein wahrer Augenschmaus und steht für Münchner Tradition.

Die Ursprünge des Unternehmens lassen sich bis ins Jahr 1700 zurückverfolgen, als der Münchner Kaufmann Christian Reitter ein Handelsgeschäft führte, das als Vorläufer des heutigen Unternehmens gilt. Um 1870 übernahm Alois Dallmayr aus Wolnzach das Geschäft und gab ihm seinen Namen. Doch bereits 1895 verkaufte er es wieder. Die neuen Besitzer hießen Therese und Anton Randlkofer. Als bereits zwei Jahre nach Übernahme Anton Randlkofer starb, leitete seine Witwe das Unternehmen weiter. Sie war für die damalige Zeit eine bemerkenswerte Geschäftsfrau! Unter ihrer Leitung bekam die Delikatessenhandlung den Titel eines 'königlich bayerischen Hoflieferanten' verliehen. Auch der deutsche Kaiserhof sowie vierzehn weitere europäische Fürsten- und Königshäuser zählten schon bald zu Therese Randlkofers Kunden.

Im Jahr 1933 begann Dallmayrs Kaffeeära. Damals richtete der Bremer Kaffeekaufmann Konrad Werner Wille im „Delikatessenhaus Dallmayr" eine Spezialabteilung für Kaffee ein, die bis heute Bestand hat und durch die Fernsehwerbung international bekannt wurde. Jedes Kind kennt diesen Spot: Eine adrette Verkäuferin im blauen Kleid mit gestärkter weißer Schürze präsentiert vor den blumenbemalten Porzellan-Kaffeeballons Dallmayr Prodomo.

So gehen Sie weiter: Setzen Sie Ihren Weg Richtung Norden fort. Sie erreichen nach etwa hundertfünfzig Metern den Max-Joseph-Platz. Dort sehen Sie rechterhand

Das Nationaltheater

Zusammen mit der Wiener Hofoper kann sich die Münchner Staatsoper als älteste im deutschsprachigen Raum wähnen. Im Jahr 1657 ließ Kurfürst Ferdinand Maria im Herkulessaal der Residenz ein Saaltheater einrichten. Dort wurden für die Hofgesellschaft die ersten italienischen Opern aufgeführt. Zeitgleich ließ er nach einem Plan seines Vaters Maximilian I. das alte Kornhaus am Salvatorplatz zu einem Barocktheater umgestalten.

Nachdem die italienische Oper auch in München ihren Siegeszug fortsetzte, ließ Max III. Joseph von Francois Cuvilliés das das Residenztheater erbauen. Bald schon machte man in München mit europaweit beachteten Uraufführungen von sich Reden - darunter Mozarts Idomeneo. Ab 1751 trat das Ensemble vor allem dort auf. Doch bei so viel Resonanz war das 'Cuvilliés-Theater', wie es auch genannt wurde, mit 560 Plätzen schnell zu klein. Zudem musste das Haus am Salvatorplatz 1795 geschlossen werden. Also ließ König Maximilian I. Joseph in den Jahren von 1810 bis 1817 am Max-Joseph-Platz das Königliche Hof- und Nationaltheater errichten, in dem seit 1875 auch die Münchner Opernfestspiele stattfinden. Wagner-

Opern wie Die Walküre, Die Meistersinger von Nürnberg, Das Rheingold und Tristan und Isolde wurden uraufgeführt.

Der klassizistische Bau erinnert von außen an einen griechischen Tempel mit korinthischen Säulen. Auch im Inneren spiegelt sich die Welt der griechischen Sagen wieder. Mit Platz für 2100 Zuschauer und einer Bühne von 2500 Quadratmetern ist das Münchner Nationaltheater nach der Opéra Bastille in Paris und dem Teatr Wielki in Warschau drittgrößte Opernbühne der Welt. Besonders prächtig sind neben dem Zuschauerraum mit seinen vier Rängen und der Königsloge der Ionische Saal und der Königssaal.

Bereits während der Bauzeit zerstörte ein Brand Teile des Gebäudes. Sechs Jahre nach seinem Bestehen brannte es wieder. Während einer Vorstellung fing die Dekoration Feuer, doch weil das Wasser eingefroren war, konnte nicht gelöscht werden. Diesmal lag alles in Schutt und Asche, das Nationaltheater musste neu aufgebaut werden. Ein zweites Mal ereilte es dieses Schicksal im Zweiten Weltkrieg. Der Wiederaufbau kostete 62 Millionen Deutsche Mark.

Führungen finden mehrmals wöchentlich um 14:00 Uhr statt. Auch nach den Vorstellungen werden hin und wieder exklusiven Nachtführungen angeboten, bei denen Besucher sogar einen Blick hinter die Kulissen werfen können. Spezielle Führungen für Kinder sind ebenfalls möglich.

Das Standbild vor der Oper zeigt König Maximilian (1756 — 1825), den ersten bayerischen König. Er war jedoch mit dem Entwurf von Leo von Klenze und Johann Martin von Wagner nicht einverstanden, denn er wollte in stehender Pose dargestellt werden. Nach seinem Tod entschied sich sein Sohn Ludwig I. aber doch für diesen Entwurf. 1835 führte ihn Christian Daniel Rauch aus, und Johann Baptist Stiglmaier fertigte den Guss.

Wie eine Anekdote erzähl, stand das Denkmal im letzten Jahrhundert ordentlich mit Holz verschalt in einer riesigen Halle einer Behörde. Ein Beamter der städtischen Planungsbehörde, der Maler, Fotograf und Grafiker Erich Lindenberg, hat es dort vor Jahrzehnten neu entdeckt und mit vielen Eingaben erreicht, dass es wieder aufgestellt wurde. Die Namensgleichheit mit dem Rocker Udo Lindenberg ist kein Zufall - Erich war sein älterer Bruder.

Bleiben Sie auf dem Max-Joseph-Platz und wenden Sie Ihren Blick nach links. Dort sehen Sie ein langgestrecktes, dreigeschossiges Gebäude mit drei nebeneinanderliegenden Toren. Es ist die Südfassade der Residenz.

Die Residenz

ist das größte Innenstadtschloss Deutschlands und zählt heute mit 130 Schauräumen, der Schatzkammer und dem Cuvilliés-Theater zu den bedeutendsten Raumkunstmuseen Europas.

Alles begann im 14. Jahrhundert mit einer gotischen Wasserburg, die sich hier befand. Erbaut wurde sie als Fluchtburg von den Herzögen Johann II., Stephan III. und Friedrich, nachdem die Münchner Bürger gegen sie in Aufstand getreten waren. Dank dieser Erfahrung schien ihnen der 'Alten Hof' zu unsicher geworden. Doch erst unter Herzog Wilhelm IV. wurde die 'Neuveste', wie man sie nannte, auch Sitz des Hofes. Ihre Kellergewölbe und Grundmauern befinden sich heute noch unter dem Apothekenhof und sind durch rote Steine im Pflaster markiert.

Mit Erfindung der Kanonen, die ihre Mauern nur allzu leicht durchschlagen konnten, taugte sie jedoch schon bald nicht mehr als Feste. Auch war die Macht der Wittelsbacher so sehr gefestigt, dass sie es sich leisten konnten, ihre Wohn- und Regierungsgebäude nicht mehr nach wehrtechnischen Gesichtspunkten auszulegen, sondern den repräsentativen Charakter hervorzuheben. So bauten sie die einstige Burg nach und nach zu einem prunkvollen Schloss mit Höfen und Gärten aus.

Die Residenz, wie das Münchner Stadtschloss bald genannt wurde, war von 1508 bis 1918 Wohn- und Regierungssitz der bayerischen Herzöge, Kurfürsten und Könige. Der gesamte Komplex umfasst zehn Höfe und ist in drei Hauptkomplexe aufgegliedert. Der 'Königsbau' ist das Gebäude, das an den Max-Joseph-Platz angrenzt und auf den Sie nun blicken. Die Maximilianische Residenz, die auch 'Alte Residenz' genannt wird, ist mit ihrer Fassade zur Residenzstraße hin ausgelegt (links). Der Festsaalbau liegt am Hofgarten auf der dem Max-Joseph-Platz gegenüberliegenden Seite.

Auch die Residenz erlitt im Zweiten Weltkrieg enormen Schaden und musste wiederaufgebaut werden.

Stilistisch ist sie eine Mischung aus Renaissance, Barock, Rokoko und Klassizismus.

Dieser ganze riesige Komplex der Residenz bietet so viele Schauobjekte, dass man sich für eine Innenbesichtigung einen Tag Zeit nehmen müsste, wollte man sich wirklich alles genau ansehen. Insgesamt sind neben der Schatzkammer und der Alten Hofkapelle, den Porzellankammern, einem Miniaturenkabinett mit 129 Miniaturgemälden, einer Reliquienkammer und den Silberkammern noch mehr als hundert weitere Schauräume und Kunstsammlungen aus den Epochen der Renaissance, des Frühbarock und Rokoko bis hin zum Klassizismus zu bewundern.

Es werden Audioguides in fünf Sprachen angeboten. Besonders beeindruckend ist der Erdgeschosssaal des Antiquariums - eines der ältesten Renaissance-Gewölbe Europas und mit einer Länge von 69 Metern der größte Renaissancesaal nördlich der Alpen.

Sind Sie abergläubisch? Dann sollten Sie die beiden Köpfe der kleinen bronzenen Löwen vor dem Eingang zum Kaiserhof berühren, denn das bringt angeblich Glück.

Alles über einen Besuch in der Residenz finden Sie hier:

https://www.residenz-muenchen.de/deutsch/tourist/oeffnung.htm

So gehen Sie weiter: Sie können entweder Ihren Weg fortsetzen, das heißt, links an der Residenz vorbeigehen. Nach etwa 100 Metern kommen Sie zum Odeonsplatz.

Oder Sie gehen durch das mittlere der drei Tore in die Residenz und schlendern durch die Höfe. Halten Sie sich dabei links, damit Sie zum Odeonsplatz kommen.

Der Odeonsplatz mit Feldherrnhalle, Theatinerkirche, Blick aufs Siegestor und nach Schwabing

Hier an der Feldherrnhalle endet die Fußgängerzone und beginnt die Ludwigstraße, eine der vier Prachtstraßen Münchens. Sie führt am Hauptgebäude der Münchner Universität vorbei zum Siegestor, das man in etwa einem Kilometer Entfernung erkennen kann.

Auf der Ludwigsstraße fanden früher und finden heute noch Paraden und Umzüge statt, wie zum Beispiel der alljährliche Oktoberfestzug. Auch in der Zeit des Nationalsozialismus wurden zwischen Odeonsplatz und Siegestor Aufmärsche abgehalten.

Benannt wurde der Platz im Jahr 1827 nach dem Odeon, einem Konzert- und Ballsaal, den Ludwig I. durch Leo von Klenze erbauen ließ. Das Gebäude befindet sich schräg links, noch vor dem Reiterstandbild Ludwig I. Da es etwas zurückversetzt liegt, kann man es vom Standpunkt Feldherrnhalle aus nicht sehen. Heute ist in dem ehemaligen Konzertsaal der Dienstsitz des bayerischen Innenministeriums untergebracht.

Das Siegestor

ließ König Ludwig I. in den Jahren 1843 bis 1850 nach Vorbild des Konstantinbogens in Rom als Abschluss seiner nach ihm benannten Prachtstraße erbauen. Architekt war Friedrich von Gärtner. Nach dessen Tod führte sein Schüler Eduard Metzger die Arbeiten fort.

Im Zweiten Weltkrieg wurde das Siegestor schwer beschädigt und 1958 etwas vereinfacht wiederaufgebaut. Dabei erhielt es auf der Südseite eine zusätzliche Inschrift: „Dem Sieg geweiht, vom Krieg zerstört, zum Frieden mahnend". Dadurch wurde der einstige

Triumphbogen zum Friedensmahnmal. Bei der Quadriga über dem mittleren Torbogen handelt es sich um die Bavaria, die weltliche Patronin Bayerns, die ein Gespann mit vier Löwen lenkt.

Siegestor und St. Ludwig

Rechts, noch vor dem Siegestor, sieht man zwei Kirchtürme – das ist die katholische Pfarr- und Universitätskirche St. Ludwig. Sie ist der erste Monumentalkirchenbau im Rundbogenstil und besitzt das zweitgrößte Altarfresko der Welt. Erbaut wurde sie zwischen 1829 und 1844.

Von hier blicken Sie übrigens nach Schwabing, Münchens berühmtesten Stadtteil. Doch was Schwabing so außergewöhnlich machte, als es noch das Bohème-Viertel der Prinzregentenzeit im 19. Jahrhundert war, als es die Clubs, die Straßenfeste, die Studentenrandale, die vielen extraordinären Künstler der 60iger und 70iger Jahre des 20. Jahrhunderts gab — all das ist heute Schall und Rauch. Noch immer gibt es gemütliche Kneipen und hübsche Boutiquen in den kleinen Seitenstraßen, kann man außergewöhnliche Jugendstielhäuser entdecken, und natürlich nicht zu vergessen der Englischen Garten (rechts von St. Ludwig)! Doch das einstige, beinahe schon sagenumwobene Schwabing existiert so nicht mehr.

Die Feldherrnhalle

wird oft fälschlicherweise Feldherrenhalle genannt, ist als Ehrendenkmal dem bayerischen Heer gewidmet. Die beiden Bronzefiguren rechts und links der

Treppe wurden aus der Bronze eingeschmolzener Kanonen gegossen und stellen den Heerführer Graf Tilly (1559 – 1632) und den bayerischen Generalfeldmarschall Fürst Wrede (1767 - 1838) dar. Beide gelten als bedeutende Männer der bayerischen Militärgeschichte.

Erbaut wurde die Ehrenhalle 1841 bis 1844 im Auftrag König Ludwigs I. unter Leitung von Friedrich von Gärtner nach dem Vorbild der Loggia dei Lanzi in Florenz. Sie sollte den Beginn der Ludwigstraße markieren.

Die Luftangriffe auf München im Zweiten Weltkrieg verursachten an dem Bauwerk nur verhältnismäßig geringe Schäden, die von 1950 bis 1962 behoben wurden.

Wenn Sie die Feldherrenhalle vor sich haben und nach rechts blicken, sehen Sie eine Kirche im italienischen Spätbarock. Das ist

Die Theatinerkirche

Sie ist die erste in diesem Stil erbaute Kirche nördlich der Alpen, war Stiftskirche der Theatiner und zugleich auch Hofkirche. Henriette von Savoyen und ihr Gatte

Kurfürst Ferdinand Maria von Bayern ließen sie 1662 aus Dankbarkeit über die Geburt des Kronprinzen Maximilian II. erbauen und weihten sie dem Heiligen Kajetan von Thiene (1480 -1547), einem Mitbegründer des Theatinerordens und späteren Patron Altbayerns.

Architekt war Agostino Barelli aus Bologna, der sich mit seinem Entwurf an der Mutterkirche der Theatiner in Rom orientierte. Nach Vollendung des Rohbaus verließ er München 1674 im Streit, worauf Enrico Zuccalli die Bauleitung übernahm. Nach seinen Entwürfen wurden die Kuppel und die beiden 65 Meter hohen Türme gestaltet, aber auch der Innenraum und der angeschlossene Klosterbau trugen seine Handschrift.

Am 11. Juli 1675 wurde die Kirche geweiht, war zu diesem Zeitpunkt jedoch weitgehend noch im Rohbauzustand, was daran lag, dass man sich über die künstlerische Ausgestaltung der Fassade nicht eins werden konnte. So erlebte die Stifterin, Henriette von Savoyen, die Fertigstellung nicht mehr. Erst knapp 100 Jahre nach der Weihe legte François de Cuvilliés der Ältere für die Fassade einen Entwurf im Stil des Rokokos vor, der endlich Gefallen fand.

Das Innere der Kirche ist ganz in Weiß gehalten und beeindruckt vor allem durch die prächtigen Stuckarbeiten, die beinahe die gesamte Kirche einschließlich der Säulen und des Hochaltars schmücken und von Giovanni Nicolò Perti und Giovanni Viscardi sowie Abraham Leuthner geschaffen wurden.

Das Hauptschiff der Kirche, das 72,50 Meter lang und 15,50 Meter breit ist, hat eine Höhe von 28,55 Metern, die Höhe der Kuppel beträgt 71 Meter. Sie erinnert an die Peterskirche in Rom und stellt das Himmelsgewölbe dar. Das Deckenfresko in der sogenannten Laterne (Mitte der Kuppel) zeigt Gottvater als Schöpfer. Bei den acht Figuren in der Rundung darunter handelt es sich um Allegorien (Personifizierungen) der acht Seligkeiten aus der Werkstatt von W. Leuthner (1674-75).

Es gibt dreizehn Altäre in der Kirche, von denen zehn mit gewundenen Säulen dekoriert und von Kränzen eingefasst sind. In den Querschiffen finden sich Skulpturen der heiligen Kirchenväter - Ambrosius, Augustinus, Hieronymus und Gregor der Große – und immer wieder die Wappen der fürstlichen Stifter und des Theatinerordens, mit einem Kreuz auf drei Hügeln. Einen der Altäre im linken Querschiff schmückt ein Bild mit dem Titel „Kajetans wunderbares Eingreifen bei der Pest zu Neapel". Es wurde 1670 von Joachim von Sandrart gemalt und war bereits bei der Einweihung der Kirche im Jahr 1675 vorhanden.

Den Hochaltar hat man seit Bestehen der Kirche viermal umgestaltet. Am längsten schmückte die zweite Fassung den Altarraum, die als „Altar von 1722" bezeichnete wird. Sie entstand in den 1720er Jahren und wurde bis 1854 beibehalten. In den 1930er Jahren wurde der 1854 neugestaltete Hochaltar jedoch wieder in seinen vorherigen Zustand zurückversetzt und blieb so bis 1945, als er dem Bombenhagel zum Opfer fiel.

Den heutigen Altar ziert ein Gemälde von Gaspar de Crayer, das eine thronende Madonna zeigt.

Die beeindruckende Kanzel sowie die Beichtstühle sind ein Werk von Andreas Faistenberger (1646 – 1735), einem aus Kitzbühel im Nordtiroler Unterland stammenden Bildhauer des süddeutschen Hoch- und Spätbarock.

Da die Theatinerkirche Hofkirche war, besaß sie von Beginn an eine Fürstengruft und ist neben St. Michael und der Frauenkirche eine der wichtigsten Grablegen des bayerischen Herrscherhauses. Zu den neunundvierzig Wittelsbachern, die dort beigesetzt sind, zählen auch Kaiser Karl VII., Otto I. König von Griechenland, Kurfürst Ferdinand Maria und dessen Gemahlin Henriette Adelaide von Savoyen und Prinzregent Luitpold von Bayern. Ihre Herzen allerdings werden, wie es die Tradition vorschrieb, in der Altöttinger Gnadenkapelle aufbewahrt.

Das Kloster, das der Theatinerkirche angeschlossen war, wurde von Kurfürst Max IV. Joseph, dem späteren König, noch vor der Säkularisation aufgelöst, da es den Theatinern zunehmend an 'Zucht und Finanzen' fehlte. So geschehen am 26. Oktober 1801. Die Kirche blieb Stifts- und Hofkirche, im Konventgebäude wurde nach Auflösung das kurfürstliche Ministerium für Finanzen, Justiz und Geistliche Sachen untergebracht, wo es bis Mitte des 19. Jahrhunderts blieb. Seit 1954 betreuen Dominikaner die Stiftskirche und haben eine kleine Niederlassung im angeschlossenen Klosterkomplex.

So gehen Sie weiter: Haben Sie die Theatinerkirche im Rücken, sehen Sie schräg links den Eingang zum

Hofgarten

Das Tor zum Hofgarten entstand 1816 und war das erste Münchner Bauwerk des berühmten Architekten Leo von Klenze. Haben Sie es hinter sich gelassen, sehen Sie rechts die Nordfassade der Münchner Residenz (Festsaalbau mit dem Neuen Herkulessaal). Um in den eigentlichen Hofgarten zu gelangen, halten Sie sich schräg links. Dort, hinter Bäumen und Hecken, liegt der Renaissancegarten der Residenz, der in seiner heutigen Ausdehnung auf das Jahr 1617 zurückgeht und unter Maximilian I., Kurfürst von Bayern angelegt wurde.

Die meisten Gebäude, die einst hier standen, existieren heute nicht mehr. Dazu gehören ein Turnierhaus, die Hofgartenkaserne oder drei renaissancezeitliche Lusthäuser.

Geblieben ist der 'Dianatempel' in der Mitte des Hofgartens. Er ist ein Bauwerk von Heinrich Schön dem Älteren und stammt aus dem Jahr 1615. Von seinen Bögen aus zweigen sternförmig acht Wege ab, die die Struktur des Gartens bestimmen. Während der wärmeren Jahreszeit ist im Pavillon fast immer etwas los. Straßenmusiker unterhalten die Parkbesucher, Tango- oder Salsatänzer treffen sich hier zum Tanzen,

Promis, wie zum Beispiel der Modemacher Rudolph Moshammer oder der Schauspieler Fritz Wepper, ließen und lassen sich gerne im Pavillon fotografieren, und häufig finden auch kleinere Konzerte und andere Veranstaltungen statt.

Auf dem Dach des kleinen Tempels befindet sich eine Kopie der Tellus-Bavaria-Bronzestatue von Hubert Gerhard aus dem Jahre 1623. Das Original kann man heute im Kaisersaal der Münchner Residenz bewundern. Im Inneren des Pavillons sind vier mit Muscheln verzierte Wandbrunnen angebracht.

So gehen Sie weiter: Setzen Sie Ihren Weg parallel zur Residenz Richtung Osten fort und gehen Sie durch das kleine Wäldchen. Sie kommen zur

Bayerischen Staatskanzlei mit Kriegerdenkmal

Das Kriegerdenkmal im Hofgarten wurde zum Gedenken der im Ersten Weltkrieg gefallenen Soldaten der Stadt München errichtet. In einer 2,25 Meter tiefen rechteckigen Gruft, deren Innenraum 7,30 auf 3,50 Meter misst, liegt die Plastik eines toten Soldaten. Die zwei Meter dicke und 250 Tonnen schwere Deckenplatte der Gruft wird von zwölf Steinblöcken getragen. An den Wänden dieses Vorraumes sind zwei Reliefs angebracht, die marschierende Soldaten vor einem Gräberfeld zeigen.

Die Anlage ist eine Gemeinschaftsarbeit des Bildhauers Karl Knappe und der Architekten Thomas Wechs und Eberhard Finsterwalder. Die Originalskulptur des toten Soldaten von Bernhard Bleeker wurde durch einen Bronzeabguss von Thomas Wimmer ersetzt und befindet sich seit 1972 im Bayerischen Armeemuseum in Ingolstadt.

Das Gebäude hinter dem Ehrendenkmal ist die Bayerische Staatskanzlei, Amtssitz des bayerischen Ministerpräsidenten. An selber Stelle standen einst drei in Folge erbaute Lustschlösschen. Das letzte davon wurde Anfang des 19. Jahrhunderts abgerissen, um Platz für eine Hofgartenkaserne zu schaffen. 1905 folgte ein Gebäude, in dem das Bayerische Armeemuseum untergebracht war. Im Zweiten Weltkrieg wurde es weitgehend zerstört. Die Kuppel blieb jedoch erhalten und wurde in das neue, vom Architektenteam Diethard J. Siegert und Reto Gansser entworfene und 1993 fertiggestellte Gebäude integriert. Das

Bayrische Armeemuseum befindet sich heute in Ingolstadt.

So gehen Sie weiter: Mit Blick auf das Kriegerdenkmal und die Bayrische Staatskanzlei wenden Sie sich nach rechts. Gehen Sie hinter der Residenz vorbei (Alfons-Goppel-Straße) bis zur nächsten Querstraße.

Maximilianstraße mit Blick auf Maximilianeum

Bleiben Sie hier einen Moment stehen. Vor Ihnen liegt nun die Maximilianstraße, hier findet man die edelsten Modegeschäfte Münchens. Das Gebäude rechts von Ihnen ist die Rückfront des Bayrischen Nationaltheater. Wenn Sie nun an den Rand des Bürgersteigs treten und den Blick nach links wenden, sehen sie in der Ferne am Ende der Straße das Maximilianeum. Es ist der Sitz des bayerischen Parlaments und zugleich Wohnung für Stipendiaten. Das Denkmal, das Sie weiter vorne sehen, ist das Maxmonument. Es steht auf einer Verkehrsinsel und wurde zu Ehren des bayerischen Königs Maximilian II. errichtet.

So gehen Sie weiter: Überqueren Sie die Maximilianstraße, dann nach links und die nächste rechts. Etwa 100 Meter geradeaus über den kleinen Platz (Am

Kosttor) bis zum nächsten Platz (er heißt Platzl). Hier steht

Das Hofbräuhaus

Als Herzog Wilhelm V. 1589 die Hofbrauerei gründete, waren Dünnbier und verdünnter, oft auch erhitzter Wein ein wichtiger Bestandteil der täglichen Nahrung, denn Wasser war häufig von schlechter Qualität und voller Krankheitserreger. Doch musste das Bier bis Dato bei privaten Brauereien eingekauft und anschließend von weit her nach München transportiert werden, was teuer und unpraktisch war. Hinzu kam, dass aufgrund von schlechten Ernten auch der Wein knapp und teuer wurde. Eine eigene Brauerei zur Versorgung des Wittelsbacher Hofes und seiner zahlreichen Bediensteten schien da die beste Lösung zu sein.

Zu Beginn des 17. Jahrhunderts erhielt die noch junge Hofbrauerei das Weißbier-Privileg und hatte damit als einzige das Recht, nicht nur das übliche Braunbier, sondern auch das in Mode gekommene Weißbier zu brauen. Nur wenige Jahre später kam noch das Bockbier hinzu, das es bis ins Jahr 1810 ausschließlich beim Hofbräu geben sollte.

Bald stiegen die Produktionsmengen derart an, dass man ein größeres Gebäude für die Brauerei benötigte, die bis dato in einem alten Stall untergebracht war. Es wurde eben an jener Stelle errichtet, wo heute noch das Hofbräuhaus steht.

Ab 1610 verkaufte die Brauerei ihr Bier auch an Wirte und Privatleute, und bald verpflichtete Maximilian I. von Bayern die Münchener Wirte sogar, das Hofbräubier auszuschenken. So wurde die Brauerei zu einer der wichtigsten Einnahmequellen des Bayrischen Staates. Bis zu 50 Prozent der Einnahmen, mit denen unter anderem der Dreißigjährige Krieg finanziert wurde, stammten alleine aus dem Weißbiervertrieb.

1828 erhielt das Hofbräuhaus die Schankerlaubnis, und so kam zur Brauerei eine Wirtschaft, die sich schnell zum Magneten für die vielen Touristen entwickelte, die bereits damals München besuchten.

Das Gasthaus platzte bald aus allen Nähten, deshalb beschloss Prinzregent Luitpold im Jahr 1896, die Brauerei in den Stadtteil Haidhausen zu verlegen. Ihr angeschlossen ist der Hofbräukeller, der traurige Berühmtheit erlangte, als in ihm ein Attentat auf Hitler fehlschlug.

Noch im selben Jahr, also 1896, wurde das alte Brauhaus am Platzl abgerissen und eine neue Gaststätte errichtet, die am 22. September 1897 feierlich eröffnete. 23 Jahre später, am 24. Februar 1920 gründete Adolf Hitler im diesem neuen Hofbräuhaus in Anwesenheit von 2000 Leuten die Nationalsozialistische Deutsche Arbeiterpartei (NSDAP), womit er gleichzeitig das Schicksal des Gebäudes besiegelte. Denn im letzten Jahr des Zweiten Weltkrieg wurde es bei einem Bombenangriff durch die Alliierten bis auf die Schwemme (Ausschank) vollständig zerstört.

Nach alten Plänen rekonstruiert, konnte das Hofbräuhaus 1958, pünktlich zur 800-Jahr-Feier der Stadt, den Betrieb wiederaufnehmen und ist bis heute ein Ziel fast aller München-Besucher geblieben.

Betritt man das Hofbräuhaus durch den Haupteingang, kann man gleich links einen Blick auf die Schwemme werfen. Dahinter sieht man die beiden Maßkrugregale, die es dort seit 1970 gibt. Darin verschließen Stammgäste ihre Keferloher, wie die salzglasierten, teils sehr wertvollen Steinzeug-Bierkrüge genannt werden. Sie sind Privateigentum, verbleiben aber zum ausschließlich persönlichen Gebrauch ihrer Besitzer in der Gastwirtschaft. Solche Maßkrugregale

gibt es auch beim 'Donisl', einem anderen Traditions-
lokal direkt am Marienplatz.

Nahezu 35.000 Menschen täglich besuchen den Bier-
tempel, dessen Logo – eine Krone über den Buchsta-
ben HB - weltweit bekannt ist, und sitzen zum Teil an
Tischen, die schon seit 1897 zum Inventar des Hof-
bräuhauses gehören, wovon die vielen eingeritzten
Initialen, Namen und Anmerkungen zeugen.

Noch heute gilt das Reinheitsgebot, das vom Begründer der Hofbrauerei, dem bayrischen Herzog Wilhelm
IV., im Jahr 1516 ins Leben gerufen wurde und für den
Brauvorgang nur die Verwendung von drei grundle-
genden Zutaten erlaubt: Gerste, Hopfen und Wasser.

Adresse Am Platzl Nr. 9, geöffnet täglich von 9 bis
23:30 Uhr

Tipp: Am Platzl Nr. 1, befindet sich das Hard Rock Café
von München!

So gehen Sie weiter: Am Hard Rock Café rechts in die
Münzstraße, dann die erste links und von da etwa 250
Meter geradeaus bis zum Viktualienmarkt. Kurz bevor
sie ihn erreichen, kommen Sie an der Rückseite des
Alten Rathauses (rechts) vorbei. Dort wo Sie links die

Heilig-Geist-Kirche sehen, beginnt mit den 'Metzgern am Petersbergl' der

Viktualienmarkt

Erst im 19. Jahrhundert, als es im Bildungsbürgertum als schick galt, lateinische Begriffe zu verwenden, wurde aus dem 'Grünen Markt' der Viktualienmarkt. Viktualien (lateinisch victus) bedeutet schlicht Lebensmittel.

Zu Beginn des 19. Jahrhunderts zog man mit dem Markt hierher um, weil es am Marienplatz, der damals noch Schrannenplatz hieß, zu eng geworden war. Um genügend Platz zu schaffen, mussten 1807, auf Geheiß von König Max I. Joseph, eine Reihe Benefizhäuser abgerissen werden, die zum Heiliggeist-Spital gehörten, dem Krankenpflege-Orden der Brüder vom Heiligen Geist. Doch schon in den Jahren 1823 bis 1829 wurde der neue Markt wieder zu klein. Weitere Gebäude mussten weichen, außerdem baute man für den Getreidehandel 1852 am Südende des Marktes, dort wo die einstige Stadtmauer verlief und die heutige Großmarkthalle steht, zusätzlich eine Schrannenhalle. Schranne ist der bayerische Ausdruck für Getreidemarkt oder Kornspeicher. Drei Jahre später verlegte man den Fischmarkt 200 Meter weiter Richtung Osten an die Westenriederstraße, und schaffte so noch einmal Platz.

Erst seit 1870 gibt es feste Stände mit festem Nutzerrecht, bis dahin wurden die Verkaufsplätze täglich neu vergeben. Als 1885 auch das alte Heilig-Geist-Spital abgebrochen und die Kirche selbst in Richtung Marienplatz erweitert wurde, fanden weitere Hallen Platz. Eine Bankmetzgerhalle (Fleischereihalle) und eine Halle der Nordseefischerei kamen hinzu. Diverse Pavillons für den Verkauf von Obst, Blumen, Wildbret oder Geflügel und die Ladenbauten für die 'Metzger am Petersbergl' wurden gebaut. Petersbergl nennen die Münchner die kleine Erhebung, auf dem die Peterskirche mit dem auffälligen, rechteckigen Turm steht. 1890 schließlich hatte der Viktualienmarkt sein heutiges Ausmaß erreicht.

Als der Markt im Zweiten Weltkrieg schwer beschädigt wurde, gab es Überlegungen, auf dem wertvollen Grund inmitten der Stadt Hochhäuser zu errichten. Zum Glück verzichtete man darauf und baute auch den Viktualienmarkt wieder auf.

Einer Initiative Münchner Bürger sind die Gedenk-
brunnen für den Volkssänger Weiß Ferdl und die Komiker Liesl Karlstadt und Karl Valentin zu verdanken,
die 1953 hinzukamen. Weitere Brunnen für die Komö-
diantin Ida Schumacher, die Volksschauspielerin Elise
Aulinger und den Volkssänger Roider Jackl sowie ein
Maibaum folgten. 1969 wurde in Vorbereitung auf die
Olympischen Sommerspiele von 1972 der Markt und
die Stände sowie die Metzgereien am Petersbergl
komplett renoviert.

Während der Viktualienmarkt zu Beginn ein reiner
Bauernmarkt war, auf dem man die täglichen Lebensmittel kaufen konnte, entwickelt er sich seit den
1950er Jahren mehr und mehr zum Feinschmecker-
markt und zur Touristenattraktion. Heute werden auf
einer Gesamtfläche von 18.591 Quadratmetern nicht
nur Obst und Gemüse, Fleisch, Käse, Fisch, Backwa-
ren, Gewürze und Blumen, sondern auch Kunsthandwerk und Souvenirs verkauft. Auch einen Biergarten
gibt es auf dem Viktualienmarkt.

Da man früher noch keine Kühlschränke hatte, war es
wichtig, jeden Tag frische Ware besorgen zu können.
Deshalb wurde, mit Ausnahme an hohen kirchlichen
Feiertagen, sieben Tage die Woche von sieben Uhr

morgens bis zum Einbruch der Dämmerung Markt gehalten. Heute findet an Sonn- und Feiertagen kein
Verkauf statt. Geschäftsschluss ist spätestens um 20
Uhr. Sonderöffnungszeiten bestehen für Blumen-
händler, Bäcker und die Gastronomie.

Tipp: Sollten Sie am Faschingsdienstag in München
sein, versäumen Sie den 'Tanz der Marktfrauen' nicht.
Die Marktfrauen treten auf einer Bühne im Biergarten
des Viktualienmarktes in fantasievollen, selbstgestal-
teten Kostümen auf und präsentieren Tänze, die sie in
einer Tanzschule monatelang geprobt haben. Um
11.00 Uhr geht es los!

Ein weiteres Spektakel auf dem Viktualienmarkt ist
das Prominentenwiegen. Jedes Jahr am 1. Donnerstag
nach dem Oktoberfest wiegen die Händler seit 1974
Münchner Prominente mit Lebensmitteln auf und
spenden zusätzlich einen Geldbetrag. Lebensmittel
und Spende werden einer öffentlichen Einrichtung
übergeben, die von den aufgewogenen Prominenten
bestimmt wird.

So gehen Sie weiter: Vermutlich sind Sie kreuz und
quer über den Markt geschlendert. Gehen Sie zurück
zu den Metzgerläden am Petersbergl, an denen Sie zu

Beginn vorbeikamen. Die Kirche hinter den Metzgerläden ist die Peterskirche mit dem 'Alten Peter', wie
der markante Turm mit den zwei Uhren im Volks-
mund genannt wird. Um hinzukommen, biegen Sie an
der Litfaßsäule links zum Petersplatz ab. Der Eingang
zum Turm befindet sich außen. Man muss ein Ticket
kaufen.

St. Peter mit 'Alter Peter'

Sofern man gut zu Fuß ist, sollte man die 306 Stufen
auf den 50 Meter hohen Turm von St. Peter unbedingt
auf sich nehmen. Leider gibt es keinen Fahrstuhl, und
man muss Wartezeiten in Kauf nehmen. Doch es lohnt
sich! Denn oben angekommen, wird man mit einem
tollen Ausblick auf den Marienplatz, die Türme der
Frauenkirche, die Altstadt und bei schönem Wetter
und Föhn sogar bis hin zu den Alpen belohnt.

Die Peterskirche ist die älteste Pfarrkirche Münchens.
Es gab sie längst vor Entstehung des Domes. Bereits
1181 ist auf dem 'Petersbergl' eine erste, damals noch
kleine Kirche dokumentiert. 1278 hat man an ihrer
Stelle eine stattlichere, gotische Kirche gebaut, die im
17. und 18. Jahrhundert barockisiert wurde. Die

Turmuhren mit ihren acht Zifferblättern (zwei an jeder Seite) sind die ältesten Stadtuhren Münchens.

Im Bombenhagel des Zweiten Weltkrieges wurde die Kirche bis auf einen Turmstumpf zerstört, die Rekonstruktionsarbeiten erst im Jahr 2000 abgeschlossen.

So gehen Sie weiter: Am Turm von St. Peter rechts abbiegen. Nach etwa 50 Metern kommen Sie wieder zum Marienplatz. Dort rechts und auf der Kaufingerstraße immer geradeaus bis Stachus und Hauptbahnhof. Sollten Sie vom Bahnhof aus mit der Tram zur Oper gefahren sein, gehen Sie denselben Weg, um noch die Frauenkirche, St. Michael, die Bürgersaalkirche und das Karlstor mit Stachus zu sehen.

Tipp: Vom Marienplatz bis Hauptbahnhof sind es 1200 Meter, und man geht eine Viertelstunde. Falls die Füße weh tun, können Sie vom Marienplatz aus auch mit der S-Bahn fahren. Zum unterirdischen Bahnhof gelangen Sie über die Treppen bei der Mariensäule. Vergessen Sie nicht, ein Ticket zu lösen, es wird 'fleißig' kontrolliert!

Viktualienmarkt

München für Menschen mit Handicap, Kinder und Hundebesitzer

München für behinderte Menschen

Auch wenn sich die Münchner Stadtplaner Mühe geben, die Stadt möglichst barrierefrei zu gestalten, ist die Altstadt für Rollstuhlfahrer mit den üblichen Schwierigkeiten behaftet. Hin und wieder sind Bordsteine zu überwinden. Teile der Wege sind gepflastert, das schwierige Katzenkopfpflaster gibt es aber nicht. Die Fußgängerzone (Weg vom Karlstor zum Marienplatz) ist mit großen Steinplatten ausgelegt. Mit einem Helfer sind alle Wege zu schaffen.

Unser Rundgang führt vom Viktualienmarkt zu St. Peter. Hier ist eine kleine Steigung zu überwinden. Da es aber ohnehin keinen Aufzug auf den Turm von St. Peter gibt, kann man sich den Schwenker über diese Kirche sparen. Man rollt am besten an St. Peter vorbei und geradeaus weiter bis zum Alten Rathaus mit dem weißen Turm. Dort links abbiegen zum Marienplatz.

Für Hörbehinderte oder Sehbehinderte Menschen mit Begleitung ist unser Rundgang ebenso geeignet, wie für Menschen ohne Handicap.

Wer mit Handicap nach München reisen will, kann über folgenden Link eine ganze Menge über Gegebenheiten und Möglichkeiten erfahren:
http://www.muenchen-tourismus-barriere-frei.de/de/reisevorbereitung

Hier noch ein Link, der für Rollstuhlfahrer interessant ist:
http://www.muenchen-via-rollstuhl.de/routen.html

Stadtbesichtigung mit öffentlichen Verkehrsmitteln

Wenn Sie zwar gehbehindert aber nicht auf den Rollstuhl angewiesen sind, wäre eine Fahrt mit der Straßenbahn Linie 19 ab Hauptbahnhof eine Möglichkeit für Sie, die Stadt zu besichtigen. Die Linie 19 führt an einigen wichtigen Sehenswürdigkeiten vorbei. Am besten sucht man sich einen Platz in Fahrtrichtung links.

Sie fährt vom Hauptbahnhof zum Stachus mit dem Karlstor (rechts), vorbei am Landgericht, (links) mit Alter Botanischer Garten, der früher ein Glaspalast war. Von der Straßenbahn aus kann man noch den ehemaligen Eingang sehen, einen Torbogen. Dann folgen der Wittelsbacherbrunnen (links), Hotel Bayrischer Hof (links), Nationaltheater mit Blick auf Vorplatz und Residenz (links) - rechts das alte Postamt, das heute ein Nobelrestaurant beherbergt. Gleich wieder links das Hotel Vierjahreszeiten. An der nächsten Haltestelle (Kammerspiele) aussteigen und ein paar Meter zurückgehen. Ist man am Hotel Vierjahreszeiten vorbei, links auf den kleinen Platz (Am Kosttor) abbiegen und geradeaus weiter bis Hofbräuhaus. Ab Hofbräuhaus dem Rundgang folgen: Viktualienmarkt, St. Peter, Marienplatz. Von dort entweder mit der S-Bahn zurück zum Hauptbahnhof, oder Sie gehen zu Fuß und kommen noch an der Frauenkirche, St. Michael und der Bürgersaalkirche vorbei. Weiter zum Karlstor, dort können sie in die S-Bahn einsteigen und zum Bahnhof zurückfahren.

Siehe auch: Unser Rundgang mit Rikscha (Querverbindung)

Gut zu wissen: Alle Stadtrundfahrtenbusse sind mit Rampe ausgestattet. In jedem Bus ist ein Rollstuhlstellplatz verfügbar. Sollte er besetzt sein, muss man u.U. lange auf den nächsten Bus warten.

Aufs Oktoberfest mit dem Rolli

Kein Problem! In der Uhland-, Rückert-, Bavaria- und Mozartstraße stehen insgesamt 65 Behindertenparkplätze zur Verfügung. Die Wiesenwirte und Schausteller sind bemüht, auch Menschen mit Handicap die Möglichkeit zu geben, sich auf der 'Wiesn' zu vergnügen.

Tipp: Für Gehörlose und Sprachbehinderte hat der ADAC einen speziellen Service eingerichtet: Unter der Faxnummer +49 8191 938 303, die auch per SMS vom Handy aus angewählt werden kann, ist rund um die Uhr schnelle Hilfe sichergestellt. Falls Sie kein modernes Handy haben, müssen Sie folgende Nummer wählen:

D1 (T-Mobile) + 49 99 08191 938 303
D2 (Vodafone) + 49 99 08191 938 303
O2 (Viag Interkom) + 49 329 08191 938 303
E-Plus + 49 1551 08191 938 303

Behindertengerechte Zimmer

In ganz München bekommt man in Hotels behindertengerechte Zimmer. Hier sind fünf Beispiele in verschiedenen Preisklassen:

Brunnenhof Garni ***
Schillerstr. 36, 80336 München
Tel. 089/54 51 00
E-Mail: hotel@brunnenhof.de
Hoteltyp: Garni / 4 behindertengerechte Zimmer zum Innenhof, Zimmer und Hotelumfeld: ruhig

Dorint Novotel München-City ****
Hochstr. 11, 81669 München
Tel. 089/66 10 70
Hoteltyp: Vollpension, Businesshotel
4 behindertengerechte Zimmer zum Innenhof, Hotelumfeld ruhig

Dorint Novotel München-Messe ****
Willy-Brandt-Platz 1, 81829 München, Tel. 089/99 40 00
E-Mail: H5563@accor.com
Hoteltyp: Vollpension
3 behindertengerechte Zimmer zum Innenhof, Hotelumfeld ruhig

Ibis München City, Hotel Garni **

Dachauer Str. 21, 80335 München

Tel. 089/55 19 30

E-Mail: h-1450@accor-hotels.com

Hoteltyp: Garni, 2 behindertengerechte Zimmer zum Hof, Hotelumfeld ruhig

Weitere Hotels finden Sie hier:

http://www.muenchen.de/uebernachten/handicap.html

Behindertenverbände

Bayerischer Blinden- und Sehbehindertenbund e.V. (BBSB)

Arnulfstraße 22, 80335 München

Tel.: +49 (0) 89 55988-0

Fax: +49 (0) 89 55988-266

E-Mail: info@bbsb.de

Internet: www.bbsb.org

Gehörlosenverband München und Umland e.V.

Lohengrinstraße 11, 81925 München

Tel.: +49 (0) 89 9926-980

Fax: +49 (0) 89 9926-9811

E-Mail: info@gmu.de / Internet: www.gmu.de

Im Notfall bei Krankheit

Bereitschaftspraxis im Klinikum Schwabing (auch für Kinder)

Geöffnet: Mo – Do 19.00 – 22.00 Uhr, Fr 16.00 – 22.00 Uhr, Sa + So 8.00 – 22.00 Uhr

Klinikum Großhadern

Adresse: Marchioninistraße 15, 81377 München

Tel.: +49 (0) 89 7095-0

Kontakt auch auf www.klinikum.uni-muenchen.de

München mit Hund

Städtetrips mit Hund sind anstrengend und auch für den Hund meist kein Vergnügen - aber manchmal geht es eben nicht anders. Die Münchner lieben Hunde, vor allem ihre Dackel, die sie Zamperl nennen (bayrisches Kosewort für kleinere Hunde). Darum haben sie sich etwas ganz Besonderes ausgedacht - die Zamperl-App. Über eine Kartenfunktion informiert sie Hundebesitzer ob dort, wo Sie sich gerade aufhalten, ein Hundeverbot besteht, Leinenpflicht herrscht oder ob der Hund freilaufen darf. Eine 'Zamperl-Spielerei', die aber manchmal ganz nützlich sein kann. Man erhält die App kostenlos für iOS- und Android-Geräte in den jeweiligen App-Stores.

Für alle, die ohne Zamperl-App informiert sein wollen, haben wir hier das Wichtigste zusammengefasst.

Betretungsverbot für alle Hunde gilt in München auf Kinderspielplätzen und auf Flächen von städtischen Grünanlagen, auf dem Festgelände der Theresienwiese zum Oktober- und Frühlingsfest und im Bade- und Liegebereich der Freibadegelände in städtischen Grünanlagen und an Badeseen.

Leinenpflicht für alle Hunde gilt im gesamten Westpark und auf den Wegen von städtischen Grünanlagen.

Leinenpflicht für große Hunde ab Schulterhöhe 50 Zentimeter gilt innerhalb des Altstadtrings, also auf der gesamten Strecke unseres Rundgangs, sowie in verkehrsberuhigten Bereichen, auf öffentlichen Veranstaltungen, Märkten, Festen sowie Versammlungen im Freien, insbesondere in unmittelbarer Nähe von Kinderspielplätzen, in öffentlichen Verkehrsmitteln und auf Bahnhöfen.

Sofern nicht mit einem grünen Poller markiert, auf dem ein durchgestrichenes Hundesymbol zu sehen ist, dürfen Hunde an anderer Stelle im Stadtgebiet oder in Parks wie z.B. im Englischen Garten auch ohne Leine geführt werden.

Des Weiteren gelten in München die in Bayern üblichen Bestimmungen. Mehr dazu finden sie hier: https://www.muenchen.de/rathaus/Stadtverwaltung/Kreisverwaltungsreferat/Sicherheit/Muenchner-Linie.html

München für Kinder

Wer mit Kindern nach München reist, kann ihnen dort vieles bieten. Einen Besuch im deutschen Jagd- und Fischereimuseum zum Beispiel, im 'Kinder- und Jugendmuseum' des Deutschen Museums oder des BMW-Museums. Einen Ausflug zum Sea Life im Olympiapark, zur Volkssternwarte, in den Tierpark Hellabrunn, in die Bavaria Filmstadt, ins Schloss Nymphenburg und vieles mehr.

Infos unter: http://www.muenchen.de/sehenswuerdigkeiten/top-touren-mit-kindern.html

Reisen Sie aus dem Westen oder Norden Deutschlands an und wollten Ihre Kinder schon immer mal ins Legoland, wäre eine Übernachtung in Günzburg zu überlegen. Die 150 Kilometer Entfernung bis München fährt man am nächsten Morgen in eineinhalb Stunden.

Mehr dazu finden Sie unter:
http://by-arp.de/ein-tag-im-legoland/ oder unter www.legoland.de

Was es sonst noch in München zu sehen gibt

Sollten Sie länger in München bleiben können, wird Ihnen sicher nicht langweilig werden, denn es gibt noch eine ganze Menge zu sehen und zu erleben!

Aber Achtung: Wenn wir Verbindungen mit öffentlichen Verkehrsmitteln angeben, sollten Sie sich vor dem Einsteigen immer rückversichern, dass die Angaben auch stimmen, denn Verbindungen können sich kurzfristig ändern, weil auf einer Strecke gebaut wird, es einen Unfall gab oder Ähnliches.

Das Deutsche Museum

Das 'Deutsche Museum von Meisterwerken der Naturwissenschaft und Technik', kurz 'Deutsches Museum', ist mit rund 28.000 Objekten aus etwa 50 Bereichen der Naturwissenschaften und der Technik das größte naturwissenschaftlich-technische Museum der Welt. Als Ziel hat man sich gesetzt, den etwa eineinhalb Millionen Besuchern pro Jahr technische und naturwissenschaftliche Erkenntnisse anhand ausgewählter Beispiele verständlich und lebendig nahezubringen.

Da das Deutsche Museum auch Forschungseinrichtung ist, stehen Wissenschaftlern und Fachleuten eine Studiensammlung mit rund 94.000 Objekten, eine Spezialbibliothek für die Geschichte der Naturwissenschaften und Technik mit etwa 850.000 Bänden und Archive mit zahlreichen Originaldokumenten zur Verfügung. Das Kerschensteiner-Kolleg veranstaltet außerdem Fortbildungskurse für Lehrer und Studenten über die Geschichte der Naturwissenschaften und der Technik.

Als Gründer des Museums gilt der Bauingenieur Oskar von Miller, nach dessen Konzepten die Sammlungen maßgeblich gestaltet wurden. Er war es auch, der dank seines organisatorischen Talents Unterstützer für das Projekt interessierte und die nötigen Gelder beschaffte.

Das Deutsche Museum wurde auf einer ehemaligen Kiesbank in der Isar erbaut, die seit dem Mittelalter als Floßlände und Materiallager genutzt worden war, was ihr den Namen 'Kohleninsel' eingebracht hatte. Das erste Gebäude, das auf der Isarinsel errichtet wurde, war eine Kaserne der Bayerischen Armee aus dem Jahr 1772. Nach einem Hochwasser im Jahr 1899 wurde die Insel befestigt und flutsicher ausgebaut und 1903 vom Stadtrat für den Bau des Museums zur Verfügung zu gestellt.

Architekt war Gabriel von Seidl, Baubeginn war 1909. Doch durch den Ersten Weltkrieg verzögerte sich die Fertigstellung immer wieder. Als das Museum nach knapp zwanzig Jahren, zu Oskar von Millers 70. Geburtstag, am 7. Mai 1925 eröffnet wurde, waren die Bauarbeiten noch immer nicht abgeschlossen, und die weitere Fertigstellung ging auch danach nur schleppend voran.

Im Zweiten Weltkrieg wurden 80 Prozent der Bausubstanz zerstört. Die wertvollsten Exponate hatte man in Luftschutzkellern oder an Orten außerhalb Münchens untergebracht. Trotzdem ging viel vom ursprünglichen Bestand verloren. Vor allem mehrere immobile Exponate, die man ihrer Größe wegen zurücklassen musste. Darunter einige Lokomotiven, ein Junkers-Ganzmetallflugzeug und der 'Dornier Wal', das Flugzeug, mit dem Roald Amundsen sich dem Nordpol bis auf 250 Kilometer genähert hatte.

1948 konnte das Deutsch Museum wiedereröffnet und in den Jahren danach mehrmals erweitert werden. 1983 hatte ein durch Brandstiftung entstandenes Feuer große Teile der Abteilungen Schifffahrt und

Kraftmaschinen zerstört, wertvolle Exponate gingen dabei verloren.

Das Deutsche Museum war Vorbild für eine Reihe von Neugründungen im Ausland, darunter das 'Museum of Science and Industry' in Chicago und das 'Technikmuseum' in Stockholm.

Für einen Besuch sollten Sie einen ganzen Tag einplanen!

Adresse: Deutsches Museum / Museumsinsel 1 / 80538 München / Tel.: 089-2179-333 Montag bis Freitag 9-15 Uhr
E-Mail: besucherservice@deutsches-museum.de

Infos unter: http://www.deutsches-museum.de/
http://www.deutsches-museum.de/kids/kids/kidsco/

Anfahrt:

- Per S-Bahn bis Isartor
- Mit der Straßenbahn Linie 16 bis Deutsches Museum / Linie 17 bis Fraunhoferstraße / Linie 18 bis Isartor
- Mit dem Bus Linie 132 bis Boschbrücke / Linie 52 und 62 bis Baaderstraße

- Mit der U-Bahn Linie 1 und 2 bis Fraunhoferstraße

Und so gehen Sie von Ihrer Haltestelle zu Fuß weiter bis zum Museum:

- Vom Isartor aus über den Isartorplatz Richtung Süden auf die Zweibrückenstraße, dann immer geradeaus (500 Meter).
- Von der Fraunhoferstraße Richtung Isar (Reichenbachbrücke). Vor der Brücke links, dann immer geradeaus. Man geht an der ganzen Museumsinsel vorbei, dann rechts über Ludwigsbrücke zum Eingang. (1100 Meter)
- Von der Boschbrücke mit Blick auf Museum nach links, am Isarufer entlang, dann rechts über die Ludwigsbrücke zum Eingang (350 Meter)
- Von der Baaderstraße Richtung Isar (Corneliusbrücke). Vor der Brücke links, dann immer geradeaus. Man geht an der Museumsinsel vorbei und auf der Ludwigsbrücke rechts zum Eingang. (800 Meter)

Achtung: Bevor Sie in einen Bus oder eine Tram einsteigen, sollten Sie immer fragen, ob sie auch Ihr Ziel anfährt, denn München ist eine ewige Baustelle, wodurch sich unter Umständen auch kurzfristig die Routen ändern können.

Die Residenz

wurde bereits weiter oben beschrieben. Für einen Besuch sollten Sie einen halben Tag einplanen.

Adresse: Max-Joseph-Platz 2, 80539 München (neben Staatsoper, Nationaltheater) / Telefon: 089-218501

So kommen Sie hin:

- Mit den S-Bahnlinien S 1 - 8 bis Marienplatz
- Mit den U-Bahn 3, 4, 5, 6 bis Odeonsplatz
- Mit den Buslinien 52 und 132 bis Marienplatz, mit Linie 100 bis Odeonsplatz
- Straßenbahn Linie 19 bis Haltestelle Nationaltheater (Oper)

Achtung: Bevor Sie in einen Bus oder eine Tram einsteigen, sollten Sie immer fragen, ob sie auch Ihr Ziel anfährt, denn München ist eine ewige Baustelle, wodurch sich unter Umständen auch kurzfristig die Routen ändern können.

- Mit dem Auto über den Altstadt-Ring in die Maximilianstraße. Direkt am Max-Joseph-Platz (Oper) gibt es eine Parkgarage (querverbinden).

Pinakotheken

Zusammen mit dem Museum Brandhorst, der Sammlung Schack und einigen weiteren Museen der Maxvorstadt beherbergen die drei Pinakotheken - Alte und Neue Pinakothek und Pinakothek der Moderne – die renommiertesten Kunstsammlungen weltweit und sind ein Muss für Kunstliebhaber.

Die Alte Pinakothek wurde 1836 eröffnet. Ausgestellt werden Exponate der Bayerischen Staatsgemäldesammlungen vom Mittelalter bis zum ausgehenden Rokoko.

Die Neue Pinakothek war das erste Museum für zeitgenössische Kunst in Europa. Dort werden Werke des 19. und beginnenden 20. Jahrhunderts präsentiert.

Werke der klassischen Moderne und der Gegenwartskunst, wie Kunst, Graphik, Architektur und Design des 20. & 21. Jahrhunderts, werden in der Pinakothek der Moderne gezeigt. Bemerkenswert auch die Architektur des Gebäudes mit der berühmten Rotunde.

Im Westflügel der Neuen Pinakothek sorgen Kunsthistoriker verschiedener Spezialgebiete, Naturwissenschaftler und Restauratoren und andere Mitarbeitern dafür, dass der Bestand von mehr als 30.000 Objekten wissenschaftlich erschlossen und erhalten wird.

Anfahrt mit den verschiedenen Verkehrsmitteln, Öffnungszeiten, Preise und mehr erfahren sie hier: https://www.pinakothek.de/besuch/neue-pinakothek

Tipp: Sonntags bezahlt man nur 1 Euro für den Eintritt! Dann ist allerdings auch sehr viel los, und es kann vor allem am Nachmittag sehr voll werden.

Adresse: Die Pinakotheken liegen in der Maxvorstadt, Barer Str. 40. Es ist das Univiertel Münchens. Dort säumen viele kleine Lokale und Cafés die Straßen, in denen es sich gemütlich ausruhen lässt.

Schloss Nymphenburg mit Abstecher zur Bavaria

Mehr als 300.000 Menschen pro Jahr besuchen dieses prächtige Schloss der Wittelsbacher, in dem der 'Märchenkönig' Ludwig II. das Licht der Welt erblickte.

Bereits der Weg zum Schloss, der über zwei schattige Alleen führt, die den 'Nymphenburger Kanal' flankieren, ist ein Wow-Erlebnis. Im Sommer tummeln sich

Schwäne auf dem Kanal, im Winter, sofern es kalt genug ist, fährt man Schlittschuh oder liefern sich Eisstockschützen ihre Wettkämpfe. Und je näher man kommt, desto breiter und erhabener wird die Front des Gebäudes, das fast 500 Meter misst. Nicht eindrücklicher hätte man Macht und Reichtum zur Schau stellen können, als es hier geschehen ist.

Das trifft nicht minder für den Innenausbau zu, an dem die wichtigsten Bildhauer, Stuckateure und Maler ihrer Zeit mitwirkten. Als Highlight gelten der über drei Geschosse reichende Steinerne Saal, das Geburtszimmer von König Ludwig II. und die Schönheitengalerie von König Ludwig I., in der auch ein Bildnis der skandalträchtigen Tänzerin Lola Montez zu bewundern ist, mit der der Monarch nicht nur eine Affäre hatte, sondern derentwegen er sogar abdanken musste.

Hat man sich innen an all dem Prunk sattgesehen, kann man durch die weitläufigen Parkanlagen mit den vielen Fontänen, Pagoden, Tempeln und nicht minder prunkvollen Lustschlösschen spazieren oder sich eine Fahrt in einer der venezianischen Gondeln auf dem

Schlosskanal gönnen, die seit der 'Dreihundertfünf-zig-Jahresfeier Schloss Nymphenburg' auf dem Mit-telkanal im Park angeboten werden.

Für wissbegierige Kinder und Erwachsene gibt es in den Museen des Schlosses einiges zu sehen.

Das Naturkundemuseum Mensch und Natur beschäf-tigt sich mit Geschichte und Vielfalt der Erde und des Lebens.

Im Marstallmuseum kann man Prunkschlitten und Kutschen der bayerischen Kurfürsten und Könige be-staunen, darunter auch die legendären Fahrzeuge von Ludwig II.

Das Porzellanmuseum zeigt über 1000 Exponaten aus dem knapp zweihundertjährigen Bestehen der welt-weit renommierten Porzellanmanufaktur Nymphen-burg.

Im Erwin von Kreibig-Museum schließlich werden ne-ben Arbeiten des namensgebenden Schwabinger Künstlers in Wechselausstellungen auch Werke an-dere bekannter regionale Künstler gezeigt.

So kommen Sie hin:

- Ab Bahnhof fährt die Straßenbahn Linie 17 bis zum Schloss.

- Mit der U-Bahn: Linie U1 bis Haltestelle Rotkreuz-platz. Dort in die Straßenbahn Linie 12 oder 17 bis Haltestelle Schloss Nymphenburg.

- Mit der S-Bahn: Alle Linien bis Haltestelle Laim. Dort umsteigen in den Bus Linie 51 bis Haltestelle Schloss Nymphenburg.

Adresse für Ihr Navi: Schloss Nymphenburg 1

Für Schloss und Umgebung sollten Sie mindestens einen halben Tag einplanen. Falls Sie in Ihr Hotel in der Stadt zurückfahren, können Sie noch einen Abstecher zur Bavaria einlegen.

So kommen Sie von Nymphenburg aus hin: Fahren Sie mit der Straßenbahn Linie 17 zum Stachus, steigen Sie dort in die U4 oder U5 zur Theresienwiese um. Schon von Weitem können Sie auf der Westseite der Theresienwiese die mächtige Statue der weltlichen Patronin Bayerns sehen.

Achtung: Bevor Sie in einen Bus oder eine Tram einsteigen, sollten Sie immer fragen, ob sie auch Ihr Ziel anfährt, denn München ist eine ewige Baustelle, wodurch sich unter Umständen auch kurzfristig die Routen ändern können.

Die Bronzestatue der Bavaria

Die Figur der Bavaria ist als Allegorie der 'bayerischen Erde' zu verstehen und das weltliche Gegenstück zur Himmelsmutter Maria, der religiösen Patronin des katholisch geprägten Bayerns. Um ihr ein Denkmal zu setzen, gab König Ludwig I. (1786–1868) eine kolossale Bronzestatue in Auftrag, die 1850 am Rande der Theresienwiese vor der Münchner Ruhmeshalle aufgestellt wurde. Sie misst achtzehn Meter in der Höhe und ist damit die erste aus Bronze gegossene Kolossalstatue seit der Antike und die monumentalste Darstellung der weltlichen Patronin Bayerns. Entworfen und ausgeführt wurde sie vom Münchner Künstler Ludwig Schwanthaler, der mit ihrer Erschaffung eine technische Meisterleistung vollbrachte.

Auch für die Ruhmeshalle, vor der die Bavaria steht, gab Ludwig I. den Auftrag. Bereits in jungen Jahren hatte er die Idee, in München zu Ehren großer Bayern ein patriotisches Denkmal errichten zu lassen. 1833 schrieb er einen Wettbewerb für eine Halle aus, die Platz für etwa 200 Büsten bieten sollte. Realisiert wurde Leo von Klenzes Entwurf einer dreiflügeligen dorischen Säulenhalle. Sie ist 68 Meter breit, 32 Meter tief und hat eine Dachtraufenhöhe von sechzehn Metern. Der Sockel auf dem sie erbaut wurde misst 4,3 Meter, die 48 Säulen, die das Dach tragen, sind 6,95 Meter hoch. Die Büsten bedeutender Bayern, an denen man entlangflanieren kann, zeigen Persönlichkeiten wie den Schriftsteller Ludwig Thoma, den Komponisten Carl Orff, den Maler Albrecht Dürer, die Bildhauer Adam Kraft und Veit Stoss, den Dichter Hans Sachs, die Mathematikerin Emmy Noether oder den Brauer Joseph Pschorr.

Die Besichtigung der Halle ist kostenlos. Gegen einen Eintrittsobulus kann man über eine Wendeltreppe bis in den Kopf der Bavaria hinaufsteigen, um von oben einen Blick auf die Stadt und über die Theresienwiese zu werfen und gegebenenfalls das Frühlingsfest, das Oktoberfest oder den Tollwood-Markt zu fotografieren. Man muss allerdings etwas Zeit mitbringen, denn meist bilden sich Warteschlangen am Eingang.

Adresse: Theresienhöhe 16

So kommen Sie hin: Mit den U-Bahnlinien U4 oder U5 ab Stachus bis Theresienwiese. Sonst gibt es keine di-

rekte Verkehrsanbindung. Falls Sie mit dem Auto hin-
fahren wollen: Man kann auf der Theresienwiese parken, sofern dort nicht gerade das Oktoberfest oder
ein anderes großes Fest stattfindet.

Die Theresienwiese – Heimstatt des Oktoberfestes

Oktoberfest - Historische Trachtengruppe beim
Einzug der Festwirte

Das unbebaute Gelände westlich der Innenstadt ist so
groß wie 60 Fußballfelder. Hier findet nicht nur das
Oktoberfest statt (weltgrößtes Volksfest), sondern

übers ganze Jahr verteilt viele kleine und große Veranstaltungen. Das Frühlingsfest zum Beispiel, oder der Winter-Tollwood, ein einmonatiges Kulturfestival mit vielen Veranstaltungen, exotischem Essen und handgefertigten kunstgewerblichen Produkten. Ein Landwirtschaftsfest, ein jährliches Oldtimertreffen, ein Riesenflohmarkt, Open air Konzerte und vieles mehr.

Der Name des Festgeländes bezieht sich auf Prinzessin Therese von Sachsen-Hildburghausen, Gemahlin des bayerischen Kronprinzen Ludwig, dem späteren König Ludwig I. Das Paar wurde am 12. Oktober 1810 getraut. Nach der Hochzeitsfeier, die sich über fünf Tage hinzog, wurde zum Abschluss ein Pferderennen veranstaltet. 50.000 Zuschauer fanden sich dazu auf dem Gelände ein, das von da an 'Theresiens Wiese' genannt wurde. Man beschloss, das Rennen im nächsten Jahr zu wiederholen. Als sich zum Pferderennen das erste Landwirtschaftsfest hinzugesellte, war die Tradition des Oktoberfestes geboren, und ab 1818 wurden Karusselle und Schaukeln aufgestellt, ab 1896 gab es die ersten großen Bierzelte auf der 'Wiesn', wie die Münchner das Oktoberfest nennen.

Doch es wurde nicht nur gefeiert auf der Theresienwiese. Am 7. November 1918 trafen sich auf dem Gelände rund 60.000 Menschen zu einer Kundgebung gegen den Ersten Weltkrieg, was zum Sturz König Ludwig III. führte. Am 2. April 1938 wurde nach dem Anschluss Österreichs an das Nazideutschland auf dem Platz Adolf Hitler gefeiert. Am 26. September 1980 fand ein Terroranschlag auf das Oktoberfest statt, dabei starben 13 Menschen, 211 wurden verletzt.

Adresse: Theresienwiese am Bavariaring

BMW-Museum und Olympiapark

Für große und kleine Autofreaks ist das BMW-Museum ein lohnendes Ausflugsziel. Das unternehmenseigene Automobilmuseum liegt gleich am Olympiagelände und wurde 1973 eröffnet. Es zählt beinahe doppelt so viele Besucher pro Jahr wie Schloss Nymphenburg!

Erläutert wird die technische Entwicklung von BMW, in Bezug auf Motoren und Turbinen, Flugzeuge, Motorräder und Fahrzeuge in verschiedensten Variationen. Exponate der Vergangenheit, der Gegenwart aber auch der Zukunft sind in weitgehend ruhiger Atmosphäre zu erkunden, Informationen werden über Kopfhörer an den Besucher weitergegeben.

Das futuristisch anmutende silberglänzende BMW-Hochhaus wird von den Münchnern gerne auch als Salatschüssel oder Weißwurstkessel bezeichnet. Entworfen hat es der Wiener Architekt Professor Karl Schwanzer. Der Entwurf für Erweiterung des Museums, die zwischen 2004 und 2008 stattfand, stammt vom Atelier Brückner aus Stuttgart. Die Ausstellungsfläche beträgt seither rund 5.000 Quadratmeter.

Weitere Infos unter
https://www.bmw-welt.com/de.html

Adresse: Münchner Petuelring Ecke Lerchenauer Straße, am Rande des Olympiaparks

Übrigens: BMW besitzt sogar eine eigene Postleitzahl in München – die 80788!

So kommen Sie hin: Vom Hauptbahnhof mit der S-Bahn zum Marienplatz, von dort weiter mit der U3 Richtung Olympiaeinkaufszentrum, aussteigen am

Olympiazentrum. Von dort etwa sechs Minuten Fußweg bis zur BMW-Welt. Samstags kann man auch mit
der U8 direkt zur Station Olympiazentrum fahren.

Olympiapark

Vom BMW-Museum zum Olympiapark sind es nur ein
paarhundert Meter. Man kann bereits den Fernsehturm sehen, der als eins der Wahrzeichen Münchens
gilt. Um hinzukommen, geht man über die Fußgängerbrücke, die über den Georg-Brauchle-Ring führt, dann
an der Eislaufhalle vorbei. Hält man sich danach
schräg links, kommt man zum

Sea Life München

eines der zehn Sea Life-Zentren Deutschlands. Es besteht seit April 2006 und stellt das Leben in der Isar
und der Donau bis hin zum Schwarze Meer und Mit-
telmeer dar. Wenn man mit Kindern unterwegs ist,
kann der Besuch im Sea Life ein interessanter Aus-
gleich zum Sightseeing-Programm sein.

Infos: https://www.visitsealife.com/muenchen/

Biegt man beim Sea Life nach rechts ab, kommt man zum

Olympiaturm

Der 291,28 Meter hohe Fernsehturm wurde 1965 bis 1968 nach Plänen von Sebastian Rosenthal errichtet. Er bestand also bereits vor den Olympischen Spielen. In luftiger Höhe von 200 Metern befindet sich heute das Rockmuseum Munich.

Geht man noch weiter in selber Richtung, kann man die spektakulären Zeltkonstruktionen am Coubertinplatz bestaunen. Dort gibt es auch einen Biergarten, in dem man sich bei gutem Wetter erholen kann.

Südlich des Coubertinplatzes liegt der Olympiasee, um den ein Spazierweg herumführt. Geht man rechts am See vorbei, über die kleine Brücke und weiter geradeaus, kommt man zu einem Festplatz. Dort findet das jährliche 'Sommer-Tollwood-Festival' statt. Inmitten des Platzes, in einem kleinen Wäldchen steht die

Ost-West-Friedenskirche

Im Jahr 1952 kamen ein Orthodoxer Eremit und seine Frau aus Russland nach München. Tomofej Wassiljewitsch Prochorow war im Zweiten Weltkrieg von der deutschen Wehrmacht gezwungen worden, deutschen Soldaten auf ihrer Flucht vor der Roten Armee zu helfen. Erst in Rostow, einem im Süden des Landes gelegenem Bezirk, kam Timofei wieder frei. Hier hatte 'Väterchen Timofei', wie man ihn später nannte, seine erste Marienvision.

Er wanderte weiter und gelangte nach langer Odyssee nach Wien, wo er seine spätere Frau Natascha kennenlernte. Schon dort wollte er eine Kirche errichten, was aber an den Behörden scheiterte. Gemeinsam zogen sie weiter und kamen 1952 in München an, wo sie sich auf dem Gelände niederließen, aus dem einmal der Olympiapark werden sollte. Aus Kriegsschutt bauten sie sich ein kleines Haus, eine Kapelle und bald auch noch eine kleine Kirche.

Als die Stadtväter Ende der sechziger Jahre beschlossen, auf dem Gelände die Sportstätten für die Olympischen Sommerspiele 1972 zu errichten, sollten Väterchen Timofei und seine Lebensgefährtin, die natürlich keine Baugenehmigung gehabt hatten, vertrieben werden. Doch Münchens Bürger, unterstützt von der örtlichen Presse, protestierten dagegen und erreichten schließlich, dass das Olympiagelände weiter nach Norden gerückt wurde. So mauserte sich die kleine Kirche zur 'Ost-West-Friedenskirche' und zählt heute zu den Sehenswürdigkeiten Münchens.

1972 heiratete Timofei seine langjährige Lebensgefährtin Natascha, die fünf Jahre später verstarb. Da Ihrem Wunsch, neben der Kirche begraben zu werden, von den Stadtobersten nicht entsprochen wurde, errichtete Timofei dort ein symbolisches Grab, an dem er hin und wieder betete oder Blumen niederlegte. Wie alt Timofei tatsächlich war, konnte nie mit Bestimmtheit festgestellt werden. Doch ging man davon aus, er sei 110 Jahre alt geworden. Das brachte ihm die Namen „Olympia-Eremit" oder „Methusalem vom Oberwiesenfeld" ein.

Über das Leben von Väterchen Timofei wurden unter anderem ein Bildband und ein Kinderbuch veröffentlicht. Das Wohnhaus von Timofei ist zum Museum umgestaltet worden, und auch die von ihm erbaute Ost-West-Friedenskirche kann man bei freiem Eintritt besichtigen. Ihre Decke versilberten Timofei und seine Frau übrigens mit weggeworfenem Schokoladenpapier, das sie gesammelt hatten. Die Russen Sergey Kokasin und Alexander Penkowski bewahren Timofeis Erbe, führen Besucher durch die Anlage und erzählen Geschichten über ihn.

Will man vom Park zum BMW-Museum zurück, weil man dort geparkt hat, bietet sich ein Spaziergang am See entlang an. Am Sea Life geht man dann wieder über die Fußgängerbrücke.

So kommen Sie mit öffentlichen Verkehrsmitteln zum Olympiapark:

- Mit der U-Bahn Linie U3 Richtung Moosach zum Olympiazentrum. Von dort etwa zehn Minuten Fußweg bis Olympiapark.
- Mit der Straßenbahn Linie 20 und 21 Haltestelle Olympiapark West, mit Linie 27 Haltestelle Petuelring.
- Mit dem Stadtbus Linie 173 bis Haltestelle Olympiazentrum, von dort etwa zehn Minuten Fußweg bis Olympiapark. Mit der Linie 144 bis Haltestelle Spiridon-Louis-Ring, mit den Linien 173, 177 und 178 zum Petuelring.

Das Bayrische Nationalmuseum und seine weltberühmte Krippensammlung

wurde 1855 von König Maximilian II. gegründet und zählt zu den bedeutenden kunst- und kulturhistorischen Museen in Europa. Auch wenn das Gebäude wie ein Schloss wirkt, es wurde als Museum errichtet. Entworfen hat es Gabriel von Seidl in den Stilformen des Historismus.

In einem abwechslungsreichen Rundgang erschließen sich dem Besucher die abendländischen Kunstepochen von der Spätantike bis zum Jugendstil. Die Schausammlung bietet neben zahlreichen Meisterwerken der Skulptur und Malerei, kostbare Elfenbein-

und Goldschmiedearbeiten, Bildteppiche, Möbel, Waffen und erlesenes Porzellan – zumeist Kunstbesitz aus dem Hause Wittelsbach.

Die weltberühmte Krippensammlung des Museums umfasst mehr als 60 illusionistisch aufgebaute Weihnachtsszenen mit einer Vielzahl von Figuren, die zwischen 1700 und 1850 in Neapel, Sizilien und dem Alpenraum entstanden sind.

In regelmäßigen Abständen werden auch sehr interessante themenbezogene Ausstellungen gezeigt, die nur für einige Monate zu sehen sind.

Öffnungszeiten: Dienstag bis Sonntag 10 – 17 Uhr / Donnerstag 10 – 20 Uhr / Montag geschlossen.

Öffnungszeiten Krippensammlung: Anfang November bis Ende Januar siehe oben. Februar bis Oktober vorab Anmeldung unter Tel: +49 (0)89 21 12 42 27 oder oberaufsicht@bnm.mwn.de

Unter Umständen kann die Krippensammlung aber auch kurzfristig geöffnet werden. Bitte wenden Sie sich dazu an die Museumskasse.

Adresse: Prinzregentenstraße 3 / Tel: 089 2112401

Infos:

http://www.bayerisches-nationalmuseum.de/

So kommen Sie hin:

- Mit der Straßenbahn Linie 18 bis Haltestelle National-museum/Haus der Kunst.
- Mit den U-Bahn Linien U4/U5 bis Haltestelle Lehel. Von dort etwa 5 Minuten zu Fuß oder eine Station mit der Straßenbahn Linie 18 Richtung Effnerplatz bis Haltestelle Nationalmuseum/Haus der Kunst.
- Mit dem Stadtbus 100 (Museumslinie) bis Haltestelle Nationalmuseum/Haus der Kunst

Falls Sie mit dem Auto kommen, gibt es gebühren-pflichtige Parkmöglichkeiten in der Nähe des Muse-ums, z. B. in der Lerchenfeldstraße, der Himbselstraße oder hinter dem benachbarten 'Haus der Kunst' (Prinzregentenstraße 1), das übrigens auch Ausstel-lungen von großer Bedeutung zeigt!

Valentin-Karlstadt-Musäum – Schmankerl für Leute mit Humor

Ein ganz besonderes 'Schmankerl' ist das kleine Museum, das 1959 von Hannes Königin Privatinitiative als Valentin-Musäum eröffnet wurde – Valentin wird übrigens mit F gesprochen. Es befindet sich im Isartor, das zur ehemaligen Stadtbefestigung gehört, widmet sich dem Komiker selbst, seiner Partnerin Liesl Karlstadt und seit 2001 auch dem bayrischen Volkssängertum im Allgemeinen.

Die Dauerausstellung zu Karl Valentin beschäftigt sich mit ihm als Komiker, Stückeschreiber, Wortakrobat, Schauspieler, Filmemacher, Handwerker, Sammler, Philosoph, Museumsdirektor, Volkssänger, Schausteller auf dem Oktoberfest und Avantgardist. Darüber hinaus sind so skurrile Exponate zu entdecken wie der sprichwörtliche Nagel, an den Valentin seinen Schreinerberuf hängte, als er Komiker wurde, der pelzbesetzte Winterzahnstocher, eine geschmolzene Eisskulptur und vieles mehr.

Im 2. Stock des Südturms widmet sich die Ausstellung Valentins künstlerischer Partnerin Liesl-Karlstadt, die gemäß dem damaligen Frauenbild lange Zeit völlig zu Unrecht in seinem Schatten stand.

In einem Kino werden beide als Multimediagenies und Pioniere des Deutschen Films gezeigt. Während des Museumsbetriebs laufen dort Valentin-Filme in voller Länge. An einer Hörstation stehen verschiedenste Mitschnitte oder Radioserien des Komikerpaares zur Auswahl. Man kann in einer Diaschau Valentins komische Reklame oder an einer anderen Station den ersten Werbefilm für das deutsche Fernsehen mit Liesl Karlstadt als Protagonistin sehen.

Das Café Turmstüberl im dritten Stock ist nur für Museumsbesucher geöffnet, dient an Programmabenden aber auch als Bühne für musikalische und kabarettistische Auftritte.

Eintritt: Erwachsene bezahlen 2,99 Euro, Schüler und Studenten 1,99 Euro, die Familienkarte kostet 6,99 Euro, Kinder unter 6 Jahren und 99-Jährige in Begleitung ihrer Eltern haben freien Eintritt!

Öffnungszeiten: Montag, Dienstag und Donnerstag 11:01 - 17:29 Uhr / Freitag und Samstag 11:01 – 17:59 Uhr / Sonntag 10:01 – 17:59 Uhr / mittwochs leider geschlossen.

Adresse: Tal 50 (im Isartor) / Tel: 089 223266

So kommen Sie hin: Zu Fuß sind es vom Marienplatz aus 500 Meter. Man geht zwischen Altes Rathaus und Heilig-Geist-Kirche (Viktualienmarkt) vorbei immer geradeaus Richtung Osten. Die Straße heißt 'Tal'. Mit der S-Bahn oder der Straßenbahn Linie 18 fährt man direkt bis Isartor

Die Allianz Arena

ist ein reines Fußballstadion und Heimstätte der beiden Münchener Vereine FC Bayern und TSV 1860. Sie wurde 2005 nach nicht einmal drei Jahren Bauzeit eröffnet. Ihre 'Außenhaut' besteht aus knapp 3000 Luftkissen, die in der tiefstehenden Sonne silbern glänzen und am Abend, von LEDs beleuchtet, in allen Farben erstrahlen können. In klaren Nächten ist die Arena selbst von österreichischen Berggipfeln aus zu sehen. Bei voller Besetzung haben 75.000 Menschen in ihr Platz.

Führungen finden außer an Spieltagen täglich statt.

Mehr dazu unter:

http://www.bayern-im-web.de/allianz-arena-muenchen/

Oder:

Adresse: Werner-Heisenberg-Allee 25
Tel.: 089–20050 / Fax: 089 – 20054009

So kommen Sie hin: Das Stadion liegt am nördlichen Ende des Münchner Stadtbezirks Schwabing-Freimann in der Fröttmaninger Heide nahe am Autobahnkreuz München-Nord (A 9/A 99) in relativer Nähe zum Autobahndreieck Feldmoching (A99/A92).

Mit der U-Bahn-Linie 6 fährt man ab Marienplatz Richtung Garching-Forschungszentrum. Nach etwa 16 Minuten Fahrtzeit am U-Bahnhof Fröttmaning aussteigen und über die Fußgängerbrücke nordwärts gehen. Ab hier sind es etwa 12 Minuten zu Fuß bis zum Stadion (900 Meter).

Münchens Pferderennbahnen

1897 wurde das erste Galopprennen ausgetragen, damals noch auf der Theresienwiese, wo auch das Oktoberfest stattfindet. Doch schon wenig später eröffnete der Rennverein seine eigene Rennbahn in München Riem. Im Jahr 1899 ereignete sich bei einem Rennen ein tragisches Unglück. 'Herzog Siegfried in

Bayern', erst 22 Jahre alt, stürzte bei einem Rennen so unglücklich, dass er bleibende Hirnschäden erlitt. Er lebte noch 52 Jahre.

Die Rennbahn Mü-Riem ist die einzige Galopprennbahn Bayerns und eine der bedeutendsten in Deutschland. Die Rennstrecken betragen 1000 Meter auf der Geraden Bahn bis 2800 Meter in Flachrennen. Hindernisrennen werden seit 2005 nicht mehr gelaufen.

Pro Jahr finden von Anfang April bis Anfang November dreizehn Renntage statt.

Alles über Renntermine und Anfahrt oder was Sie sonst noch wissen wollen, finden Sie auf http://www.galoppmuenchen.de/rennbahn

Adresse: Graf-Lehndorff-Straße 36, 81929 München / Telefon: 089 9455230

So kommen Sie hin:

- Mit der S-Bahn Linie 2 Richtung Erding, Haltestelle Riem.

- Mit dem Auto von Süden auf der Ostumgehung bis Autobahnkreuz Ost, dort auf der A94 Richtung München Riem. Nehmen Sie die Ausfahrt Daglfing/Rennplätze. An der Kreuzung schräg rechts Richtung Galopprennbahn/Olympia-Reitanlage und bis zum Ende der Straße fahren.

- Von Norden bis Kreuz München-Ost. Dort auf die A94 Richtung München bis Ausfahrt Daglfing/Rennplätze. An der Kreuzung schräg rechts Richtung Galopprennbahn/Olympia-Reitanlage und bis zum Ende der Straße fahren.

- Von Westen durch München über den Mittleren Ring Richtung Passau (A94) bis zur Ausfahrt Daglfing/Rennplätze. An der Kreuzung schräg rechts Richtung Galopprennbahn/Olympia-Reitanlage und bis zum Ende der Straße fahren.

Wer sich eher für Trabrennen interessiert – die Trabrennbahn liegt gleich daneben. Informieren Sie sich hier: http://www.daglfing.de/index.php

Feste und Events

Es gibt endlos viele Messen, Feste, Ausstellungen und Musikveranstaltungen in München. Sie alle aufzuführen würde unsere Möglichkeiten sprengen. Deshalb stellen wir hier nur einige der Wichtigsten vor. Sie erhalten aber jederzeit Auskunft bei der Touristeninformation. Oder suchen Sie doch einfach mal hier, was gerade so stattfindet, während Sie München besuchen:

http://www.muenchen.de/veranstaltungen/events/termine-der-woche.html

http://www.muenchen-touristeninformation.de/veranstaltungen.htm

Fasching in München

Was den Reinländern ihr Karneval, ist den Bayern ihr Fasching. Über 800 Maskenbälle und Schwarz-Weiß-Bälle kann man in der Faschingszeit in München besuchen. Höhepunkt des Münchner Faschings ist das Faschingstreiben rund um den Marienplatz an den letzten drei 'tollen Tagen'. Auf dem Viktualienmarkt findet am Faschingsdienstag 'der Tanz der Marktfrauen' statt – eine der Hauptattraktionen des Münchner Faschings.

Das Frühlingsfest

ist die kleinere Ausgabe des Oktoberfests auf der Theresienwiese (Ende April bis in den Mai).

Die Auer Dult

findet dreimal jährlich statt. Die Maidult im Frühling, die Jakobidult im Sommer (Juli – August) und die Kirchweihdult (Kermis Dult) im Herbst (Mitte Oktober). Die 'Jakobidult' zu Ehren des Hl. Jakobs wurde bereits 1310 urkundlich erwähnt.

Der Begriff 'Dult' steht für Kirchenfest. Zu solchen Festtagen kamen einst die Bauern, Mägde und Knechte aus dem ganzen Umkreis in die größeren Ortschaften. Das machten sich die Markt- und Viehhändler zunutze und bauten rund um die Kirche ihre Verkaufsstände auf.

Die Au ist heute ein Stadtteil Münchens. Dort hat sich die traditionelle Dult bis in unsere Zeit erhalten. Jährlich kommen bis zu 300.000 Besucher, um sich zu vergnügen, auf dem Gebrauchsmarkt einzukaufen, auf dem Flohmarkt nach Büchern, Schmuck und Antiquitäten zu suchen, sich unterhalten zu lassen und gut und deftig zu essen.

Zeitgleich wird in der Au Europas größter Markt für Geschirr, Steingut, Töpfe und Pfannen abgehalten.

Das Krimifestival München

gilt als eines der größten internationalen Festivals für Kriminal-Literatur und gibt jedes Jahr im Frühjahr den Startschuss zur aktuellen Krimi-Saison.

Krimi-Stars aus aller Welt - darunter so hochkarätige Autoren wie Stephen King, John Grisham, James Ellroy, Elizabeth George oder Jussi Adler-Olsen - strömen seit 2003 zur Spurensuche an die Isar und präsentieren ihre Krimis und Thriller an zum Teil außergewöhnlichen 'Tatorten'.

Zusätzlich gibt es einen kleinen 'Krimi-Sommer' und den 'Krimi-Herbst'.

Das Filmfest München

ist nach der Berlinale das zweitgrößte Filmfestival Deutschlands. Es findet Ende Juni statt und stellt Spiel-, Dokumentar- und Kurzfilme sowie Fernsehfilme in internationaler, europäischer oder deutscher Erstaufführung vor. Auch ein Kinderfilmfest ist angeschlossen.

Das Tollwood Sommerfestival

ist ein multikulturelles Fest mit Live-Musik, Theater und kulinarischen Köstlichkeiten. Veranstaltungsort ist der Olympiapark Süd - jährlich im Juni/Juli.

Das Oktoberfest

ist das größte Volksfest der Welt. Es findet seit 1810 von Mitte September bis Anfang Oktober auf der Theresienwiese statt und wurde anlässlich der Hochzeit des damaligen Kronprinzen Ludwig mit Prinzessin Therese ins Leben gerufen.

Christkindlmarkt

Zur Adventszeit erstrahlen der Marienplatz und Teile der Kaufingerstraße in Lichterglanz. In Hunderten von Buden werden Weihnachtsdeko, Krippenfiguren, Liebesäpfel, Zuckerwatte, Würstel oder 'Reiberdatschi', Glühwein und vieles mehr angeboten.

Zusätzlich gibt es auch in Schwabing einen schönen Weihnachtsmarkt.

Das Tollwood Winterfestival

ist mehr als ein alternativer Weihnachtsmarkt. In der Adventszeit und bis ins Neue Jahr hinein werden Live-Konzerte, Theater, Varieté-Shows, Kabarett und Performances abgehalten. Dazu kann man auf dem Tollwood Winterfestival internationales Kunsthandwerk kaufen und sich mit kulinarische Köstlichkeiten aus aller Welt verköstigen.

Veranstaltungsort ist die Theresienwiese, weitere Infos unter: https://www.tollwood.de/

Apropos: Auch Silvester steigt auf dem Tollwood-markt eine große Party mit verschiedensten Veranstaltungen! Wer Silvester in München ist, kann sich auch einfach unter die Leute mischen. Am besten geht man dann auf die Leopoldstraße.

Die Bavaria thront am Rande der 'Wiesn'

Infos, wichtige Adressen und mehr

Touristeninfo

Touristeninformation im Rathaus, Marienplatz 8 / Tel.: 089/ 233 965 00

Touristeninformation am Hauptbahnhof, Bahnhofsplatz 2

http://www.muenchen-touristeninformation.de/

Infos speziell zu den rund 1350 bayerischen Museen und Schlössern, Ausstellungen und Veranstaltungen dort, erfahren sie im 'Alter Hof 1' (hinter dem Alten Rathaus links) oder unter Tel.: 089/ 210 140 50
http://www.muenchen.de/sehenswuerdigkeiten/burgen-schloesser.html
oder: http://www.muenchen-touristeninformation.de/museen.htm

Autofahren und Parken für PKW, Motorradfahrer und Camper

Verkehrsvorschriften in Deutschland

Falls durch Hinweisschilder nicht anders gekennzeichnet, gilt innerhalb der Ortschaften Tempo 50 km/h, auf Bundesstraßen Tempo 100 km/h. Auf Autobahnen haben Pkw, Motorrad und Wohnmobile bis 3,5t freie Fahrt, es wird jedoch eine Höchstgeschwindigkeit von 130 km/h empfohlen.

Für Wohnmobile über 3,5t gilt Außerorts 80 km/h, auf Autobahnen 100 km/h. Kfz von 3,5 bis 7,5 t sowie Gespanne dürfen Außerorts und auf Autobahnen nicht schneller als 80 km/h fahren. Ist der Anhänger für eine Geschwindigkeit von 100 km/h geeignet, benötigten Sie eine Plakette am Fahrzeug. Falls die Sichtweite durch Nebel, Rauch, Regen oder Schneefall weniger als 50 Meter beträgt, gilt für diesen Bereich für alle Fahrzeuge ein Tempolimit von 50 km/h.

In Deutschland gilt eine Promillegrenze von 0,5. Ein absolutes Alkoholverbot gilt für Fahranfänger während der zweijährigen Führerschein-Probezeit bzw.

für alle Lenker bis zur Vollendung des 21. Lebensjahres. Unter diese 0,0 Promille-Regelung fallen auch ausländische Touristen unter 21 Jahren bzw. Führerscheinneulinge, deren Lebensmittelpunkt während der Probezeit in Deutschland liegt.

Überholt werden darf nur links! Ein generelles Überholverbot gilt auf zweispurigen Straßen auch für den Gegenverkehr, wenn Schulbusse an der Haltestelle ihren Warnblinker anschalten. Steht der Bus ohne Warnblinker, darf nur im Schritttempo vorbeigefahren werden.

In Deutschland müssen alle Insassen eines Fahrzeuges angeschnallt sein. Sind Kinder unter 13 Jahre alt oder kleiner als 150 cm, dürfen sie nur in geeigneten Kindersitzen bzw. größere Kinder auf Sitzerhöhungen befördert werden.

Telefonieren am Steuer ist nur unter Verwendung einer Freisprecheinrichtung erlaubt!

Bei Schneeglätte, Schneematsch, Reifglätte oder Glatteis darf ein Kraftfahrzeug ausschließlich mit Winter- oder Ganzjahresreifen betrieben werden. Bei Verkehrsdelikten oder Missachtung solcher Regeln drohen auch ausländischen Verkehrsteilnehmern hohe Strafen.

Motorräder und Mopeds müssen auch tagsüber mit Licht fahren. Für alle anderen Fahrzeuge wird Licht am Tag empfohlen. Nebelschlusslampen dürfen nur dann benutzt werden, wenn die Sichtweite weniger als 50 m beträgt. Für alle Kraftfahrzeuge gilt eine Lichtpflicht in Tunnels.

Mitgeführt werden müssen Verbandszeug, Warnweste (auf Autobahnen und Schnellstraßen besteht außerhalb des Fahrzeuges eine Tragepflicht), Warndreieck, Feuerlöscher, Ersatzlampenset. Kfz über 3,5t benötigen eine tragbare gelb blinkende Warnleuchte. Für Motorradfahrer besteht keine Mitführpflicht, sie müssen jedoch einen Sturzhelm tragen.

Bei Ampelanlagen zeigt ein grüner Pfeil auf schwarzem Grund nach rechts an, dass bei Rot für die Geradeaus-Richtung nach einem kurzen Stopp vorsichtig nach rechts abgebogen werden darf.

Parken ist in Deutschland nur in Fahrtrichtung erlaubt. Parkverbot besteht vor Grundstücksausfahrten, bis zu 5 m vor und hinter Kreuzungen und Einmündungen, bis zu 10 m vor Ampeln und bis zu 15 m vor und hinter Haltestellenschildern. Halteverbot besteht an Halteverbotszeichen, 5 m vor und hinter Fußgängerüberwegen und bis zu 10 m vor Ampeln, Vorfahrt- oder Stoppschildern. Im eingeschränkten Halteverbot ist Aus- und Einsteigen sowie Be- und Entladen erlaubt.

Achtung: GPS-Navigationsgeräte, die vor mobilen oder fest installierten Geschwindigkeitsmessstellen oder Blitzampeln warnen, sind verboten! Dabei spielt es keine Rolle, ob das Gerät in Betrieb ist oder nicht. Polizei und/oder Zollbehörden stellen solche Geräte sicher und erstatten gegen den Besitzer Anzeige. Es muss mit einer hohen Geld- oder sogar mit einer Freiheitsstrafe gerechnet werden. Zudem können die Geräte eingezogen und vernichtet werden. Auch Gerätekombinationen wie Handys und Notebooks, die solche Warnfunktionen enthalten, sind nicht zulässig und somit illegal!

Parken für PKW

Direkt am Hauptbahnhof gibt es mehrere Parkplätze und Parkhäuser. Drei davon fährt man über die Bayerstraße an. Die Preise für ein Tagesticket liegen bei 25 bis 30 €. Um an unseren Rundgang anzuschließen, gehen Sie zum Bahnhofsvorplatz.

Parkhaus Hauptbahnhof München

243 Parkplätze, geöffnet 24 Std. -7 Tagen. Das Tagesticket kostet rund 25 € / Zufahrt: Arnulfstrasse 1

Beim Verlassen der Parkanlage gehen Sie rechts und wieder rechts zum Bahnhofsvorplatz. Dort beginnt unser Rundgang.

Tiefgarage Hauptbahnhof

81 Stellplätze, geöffnet 24 Stunden - 7 Tage, das Tagesticket kostet rund 25 € / Zufahrt: Bahnhofplatz 2

Beim Verlassen der Parkanlage gehen Sie zum Bahnhofsvorplatz. Dort beginnt unser Rundgang.

Über diesen Link finden Sie weitere Parkmöglichkeiten in Bahnhofsnähe: http://parkenambahnhof.de/

Weitere Parkplätze Nähe Bahnhof finden Sie hier: http://www.meinestadt.de/muenchen/stadt-plan/parkplaetze/bayerstr.

Tiefgarage vor der Oper

Sie liegt zentral in der Innenstadt, direkt an unserem Rundgang. Wenn Sie hier parken, beginnen Sie mit der Oper, folgen unserem Rundgang über Odeonsplatz, Hofgarten, Hofbräuhaus, Vikutalienmarkt und St. Peter bis Marienplatz. Dort bummeln Sie gemütlich entlang der Fußgängerzone bis Stachus (mit Blick auf das Rathaus nach links auf die Kaufingerstraße abbiegen), und folgen ab dort wieder unserem Rundgang Richtung Dom und Marienplatz bis zurück zur Oper, wo Ihr Auto steht.

Die Tiefgarage vor der Oper ist von 6 Uhr morgens bis 2 Uhr nachts geöffnet. Es stehen 427 Stellplätze zur Verfügung, die maximale Einfahrtshöhe beträgt 2,10 m. Ein Tagesticket kostet rund 30 Euro.

Adresse ist Max-Joseph-Platz 4
Tel.: (089) 294187

Parkhaus am Hofbräuhaus

Das Parkhaus ist durchgehend geöffnet. Es liegt zentral in der Innenstadt, direkt an unserem Rundgang. Wenn Sie hier parken, biegen Sie beim Verlassen der

Parkgarage auf der Hochbrückenstraße nach rechts ab, gehen am Ende des Parkhauses rechts über den kleinen Platz in die Bräuhausstraße und geradeaus weiter bis zum Hofbräuhaus. Zum Eingang noch einmal rechts abbiegen, er liegt auf dem 'Platzl'.

Ab Hofbräuhaus folgen Sie unserem Rundgang zum Vikutalienmarkt, weiter bis St. Peter und Marienplatz. Von dort bummeln Sie gemütlich durch die Fußgängerzone (mit Blick auf das Neue Rathaus links in die Kaufingerstraße), kehren am Stachus wieder um und folgen unserem Rundgang ab Karlstor, bis Sie schließlich wieder zum Hofbräuhaus kommen. Am Hofbräuhaus links abbiegen, um zurück zur Parkgarage.

Es stehen 405 Stellplätze zur Verfügung, die maximale Höhe beträgt 2,10 m. Für ein Tagesticket sollte man mit 25 Euro rechnen. Die aktuellen Preise entnehmen Sie der Homepage der Parkgarage: http://www.mux.de/Parkhaus-Hofbraeuhaus

Adresse Hochbrückenstraße 9 / Tel.: 089-298722

P & R – Plätze

Günstiger ist es, auf einem der zahlreichen P&R-Plätze zu parken. Zum Beispiel in

Unterföhring am Bahnhof

Der Bahnhof ist barrierefrei. Es gibt 104 Stellplätze, die Höchstparkdauer beträgt 24 Stunden, das Tagesticket kostet 1.- €. Es gibt keine Einfahrtshöhe, jedoch sind die Parkplätze (Schrägsteller) nicht für Wohnanhänger oder überlange Camper geeignet. Anbindung in die Stadt mit der S8, am besten zum Hauptbahnhof, wo unser Rundgang beginnt.

Parkplatz Karlsfeld West

Der Bahnhof ist barrierefrei. Es gibt 102 Stellplätze, das Tagesticket kostet 1.- €. Der Parkplatz hat keine Einfahrtshöhe jedoch Parkschranken. Die Höchstparkdauer beträgt 24 Stunden. Während der Woche ist der Parkplatz stark frequentiert. Anbindung nach München mit der S2

Adresse: Eversbuschstraße, 80999 München

Bahnhof Gauting

Rund um den Bahnhof gibt es teilweise sogar kostenfreie Parkplätze sowie P&R-Parkplätze für 1 €. Der Bahnhof ist barrierefrei. In München am Marienplatz ist man mit der S-Bahn in einer halben Stunde.

Weitere P&R Parkplätze finden Sie hier:
https://www.mvv-muenchen.de/index.html

Fahrplanauskunft via Internet:
http://visit-muenchen-bayern.de/fahrplanauskunft-muenchen-u-bahn-s-bahn-bus-tram/

Parken mit Wohnmobil / Wohnanhänger

Das Campieren ist in München auf den Straßen im Stadtbereich sowie auf öffentlichen Plätzen verboten! Die Polizei überwacht Campingfahrzeuge äußerst streng. Insbesondere während der Oktoberfestzeit werden Wohnmobile, die in den Sperrzonen für Camper geparkt sind, sofort abgeschleppt. Zusätzlich werden hohe Bußgelder verhängt! Wollen Sie in Ihrem Camper übernachten, fahren Sie deshalb unbedingt einen der ausgewiesenen Parkplätze oder Stadtcampingplätze an.

Sachsenstraße

Einfach nur parken kann man ganz gut in der Sachsenstraße direkt am Freibad. Von dort fahren Sie mit dem Bus Linie 58 ab Claude-Lorrain-Straße (Halte liegt an der Humboldstraße) in die Innenstadt. Auf die Humboldstraße stoßen Sie, wenn Sie der Sachsenstraße Richtung Nordosten folgen.

Einen offiziellen Stellplatz finden Sie an der Allianzarena.

Stellplatz für Wohnmobile und PKW mit Wohnanhänger an der Allianzarena

Außerhalb von Spieltagen (!) können Wohnmobile und PKW mit Wohnanhänger auf dem Busparkplatz der Allianzarena direkt vor den Toren Münchens parken. Im Preis inbegriffen sind Strom und die Benutzung des Sanitärcontainers, der morgens und abends gereinigt wird.

Achtung: PKW mit Wohnanhänger müssen sich vor der Einfahrt an der Schrankenzufahrt anmelden, da die Schranke für sie manuell geöffnet werden muss. Dies gilt auf für Wohnmobile mit Überlänge!

Anfahrt: Ab Autobahnkreuz München Nord ist die Zufahrt mit einem Fußball gut ausgeschildert.

Infos und Preise: Telefon: 089/2005-0
http://www.wohnmobil-atlas.de/detail/66/muenchen/wohnmobilstellplatz-allianz-arena.html

Hier finden Sie alle Infos zur Anreise und Parken:
https://allianz-arena.com/de/die-arena/anreise-und-parken

Parkplatz Hauptbahnhof

Dieser kleine Parkplatz liegt direkt am Hauptbahnhof. Gesamtzahl Plätze 50, Tagesticket 30€. Er ist mit einer Schranke gesichert, deshalb für Fahrzeuge mit Anhänger nicht geeignet. Höhe ist kein Problem, da der Parkplatz im Freien liegt.

Zufahrt Bayerstraße. Nach Verlassen des Parkplatzes gehen Sie zum Bahnhofsvorplatz. Dort beginnt unser Rundgang.

Campingplatz München-Obermenzing

Stadtcampingplätze haben die Eigenheit, nicht unbedingt gemütlich zu sein. Zwei der Plätze haben so schlechte Bewertungen, dass wir sie hier gar nicht vorstellen wollen.

Auch der Campingplatz Obermenzing liegt nahe der Autobahn, was eine gewisse Lärmbelästigung mit sich bringt, die zum Abend hin allerdings nachlässt. Die sanitären Anlagen wurden 2013 renoviert und sind im Allgemeinen sauber. Das Positive: Direkt vor dem Platz ist die Bushaltestelle mit Anbindung zur S-Bahnstelle.

Adresse: Lochhausener Str. 59, 81247 München /
Telefon: 089 8112235
E-Mail: campingplatz-obermenzing@t-online.de
Webseite: http://www.campingplatz-muenchen.de/

Die meisten Campingplätze im weiteren Umkreis von München haben leider eine sehr schlechte Anbindung an München.

Caravan Stellplatz Erding

Der ganzjährig geöffnete Stellplatz für Wohnmobile und Wohnwagen verfügt über 55 Stellplätze. Kostenloses WC für Damen und Herren, Strom, Wasser, Ver- und Entsorgung sind möglich, Hunde erlaubt. Achtung: Fahrzeuge müssen unbedingt autark sein! Mit der S-Bahn fährt man 45 Minuten bis zur Münchener Innenstadt.

Adresse: Wohnmobilpark Erding, Ziegelstatt 1, 85435 Erding
GPS Position N 48°17'31" O 11°53'11
E-Mail: info@wohnmobilpark-erding.de
Webseite: http://www.wohnmobilpark-erding.de/

Unterföhring am Bahnhof

Der Bahnhof ist barrierefrei. Es gibt 104 Stellplätze, die Höchstparkdauer beträgt 24 Stunden, das Tagesticket kostet 1.- €. Es gibt keine Einfahrtshöhe, jedoch sind die Parkplätze (Schrägsteller) nicht für Wohnanhänger oder überlange Camper geeignet. Anbindung in die Stadt mit der S8. Fahren Sie zum Hauptbahnhof, wo unser Rundgang beginnt.

Parkplatz Karlsfeld West

Der Bahnhof ist barrierefrei. Es gibt 102 Stellplätze, das Tagesticket kostet 1.- €. Der Parkplatz hat keine Einfahrtshöhe jedoch Parkschranken, damit ist er für überlange Camper oder Wohnanhänger nicht geeignet. Die Höchstparkdauer beträgt 24 Stunden. Während der Woche ist der Parkplatz stark frequentiert. Anbindung nach München mit der S2.

Bahnhof Gauting

Rund um den Bahnhof gibt es sogar kostenfreie Parkplätze sowie P&R-Parkplätze zu 1.-€ Tagesgebühr. Der Bahnhof ist barrierefrei. In München am Marienplatz ist man mit der S-Bahn in einer halben Stunde.

Der Oktoberfest-Camping in München-Riem

Der Stellplatz für Wohnmobil, Wohnwagen und VW-Bus ist nur während des Oktoberfestes geöffnet. Von den 1.500 Standplätzen haben 800 Stromanschluss. Der Platz verfügt über modern ausgestattete Sanitäranlagen, hat einen kleinen Supermarkt, einen Souvenirshop und ein Bistro. Es gibt einen direkten U-Bahn-Anschluss zur Theresienwiese.

Adresse: De-Gasperi-Bogen, 81829 München /
Telefon:0176 30454000

Reservierungen über
http://www.oktoberfest-camping.com/de/home/

Öffentliche Verkehrsmittel und Taxi

Fahren mit den Öffentlichen

Die Single-Tageskarte gilt für eine Person ab 15 Jahren. Sie erlaubt beliebig viele Fahrten im ausgewählten Geltungsbereich (Innenraum/Außenraum / XXL).

Die Kinder-Tageskarte gilt für ein Kind zwischen 6 und 14 Jahren. Sie erlaubt beliebig viele Fahrten im Gesamtnetz. Für einen Erwachsenen und ein Kind ist die Single-Tageskarte mit Kindertageskarte günstiger als die Gruppentageskarte.

Die Gruppen-Tageskarte gilt für bis zu fünf Personen und erlaubt beliebig viele Fahrten der Gruppe im ausgewählten Geltungsbereich.

Für Gruppen von bis zu 30 Personen besteht die Möglichkeit, die Gruppen-Tageskarte über das Internet als

Online Ticket in Schritten zu jeweils fünf Personen zu kaufen.

Man erhält all diese Tageskarten für einen oder drei Tage. Mit einer Tageskarte profitiert man außerdem von Bonusangeboten folgender Partner: Bavaria Filmstadt / Bayerische Schifffahrt / Buchheim Museum / Circus Krone / Sea Life München / Stadtspaziergang München (Führung). Mit der Kindertageskarte erhält man nur im Sea Life eine Vergünstigung.

Das Airport-City-Day-Ticket - ist eine Tageskarte für Reisende, die am Flughafen ankommen, und gilt für das Gesamtnetz des MVV. Es ist als Single-Version und als Gruppen-Version für bis zu 5 Personen erhältlich. Kinder zwischen 6 und 14 Jahren zählen als halbe Person.

Achtung: Alle Fahrkarten müssen vor Fahrtantritt entwertet werden! Nur Tickets, die Sie in Bus und Tram lösen, sind bereits ab Kauf gestempelt, und Online-Tickets müssen nicht entwertet werden. An den Automaten der Deutschen Bahn können Sie zwischen entwerteter und nicht entwerteter Ticketausgabe auswählen. Gültig sind die Tageskarten bis 6 Uhr des Folgetages, die Dreitageskarten bis 6 Uhr des dritten Folgetages.

Weitere Auskunft finden Sie hier:
https://www.mvv-muenchen.de/index.html

Wenn Sie per Bahn von außerhalb Münchens mit dem Bayernticket anreisen, dürfen Sie alle Verkehrsmittel innerhalb Münchens kostenfrei benutzen. Weitere Infos finden Sie hier:
https://www.bahn.de/p/view/angebot/regio/regionale-tickets/bayern/bayernticket.shtml

oder erkundigen Sie sich am Bahnhof.

Taxi

Taxifahren ist in München, wie überall in Deutschland, nicht unbedingt günstig. Dass man übers Ohr gehauen wird, wie hier und da im Ausland, muss jedoch niemand befürchten. Der Taxitarif wurde von der Stadt München festgelegt und ist für alle ansässigen Taxiunternehmen und für jedes einzelne Taxi innerhalb des Pflichtfahrbereiches München verbindlich. Behördlich geeichte Taxameter, die in jedem Taxi installiert sein müssen, stellen eine korrekte Abrechnung sicher.

Die Taxizentrale der Taxi-München eG und über 170 Rufsäulen an den Taxistandplätzen sorgen dafür, dass man in möglichst kurzer Zeit einen Wagen bekommt. Kunden dürfen jedoch auch ein vorbeifahrendes fahrgastloses Taxi anhalten. Am Taxistand haben Fahrgäste das Recht, ihr Taxi frei zu wählen, auch wenn sie an das erste Taxi am Stand verwiesen wurden. Beim Ein- und Ausladen des Gepäcks oder beim Ein- und Aussteigen des Fahrgastes muss der Fahrer ausschließlich behinderten Menschen helfen.

Da Taxifahrer meist angestellt sind und nicht gerade üppig verdienen, freuen sie sich über ein Trinkgeld.

Hier können Sie ein Taxi bestellen:
Telefon (089) 21610
Telefon (089) 19410

City-Tour-Card

beinhaltet eine Tageskarte für die Nutzung aller MVV-Verkehrsmittel im ausgewählten Geltungsbereich sowie Rabatte für über 70 touristische Attraktionen in München und Umgebung. Erhältlich ist sie als Single-

und als Gruppenkarte für eine Gruppe bis zu 5 Personen – wobei zwei Kinder zwischen 6 und 14 Jahren als eine Person gelten.

Mehr Infos hier:
http://www.mvv-muenchen.de/de/tickets-preise/tickets/tageskarten/citytourcard/inde.html

Hop-on-hop-off-Bus

Für die Altstadt ist die Tour nicht wirklich zu empfehlen, denn man muss ja doch immer wieder aussteigen und ein Stück laufen. Sollten Sie so eine Tour trotzdem fahren wollen, buchen Sie die Rundfahrt mit dem blauen Bus, sie ist besser als die mit dem roten.

Fahrkarten und Informationen erhält man an den Haltestellen am Bahnhofplatz vor Karstadt, am Marienplatz, im Hotel und online. Die Fahrkarte ist ab Kauf 24 h bzw. 48 h gültig. Man kann an jeder der Haltestellen aus- und zusteigen. Abfahrt täglich alle 20 Minuten an den Haltepunkten 1-7 bei der Circle-Tour und alle 60 Minuten an den Haltepunkten 8-12 bei der Grand-Circle-Tour. Ist man ausgestiegen und will wieder zusteigen, muss man unter Umständen zwanzig Minuten bis zu einer Stunde warten. Abweichender

Winterfahrplan bzw. Änderungen im Sommer sind vorbehalten.

Die EXPRESS CIRCLE Tour dauert 1 Stunde reine Fahrzeit. Angefahren werden Alte Pinakothek, Neue Pinakothek, Gemäldegalerie, Odeonsplatz, Nationaltheater, Marienplatz, Rathaus, Frauenkirche, Viktualienmarkt, Hofbräuhaus, Karlsplatz (Stachus) und Eisbach.

Mit der GRAND CIRCLE Tour fährt man außerdem Schloss Nymphenburg, Olympia Park, BMW Welt und Schwabing/Siegestor an. Die Fahrzeit dauert 2,5 Stunden.

Das Glockenspiel am Rathaus

Essen und Trinken

Charakteristisch für die bayerische Küche, die von ihren Ursprüngen her bäuerlich ist, sind Fleisch- und Bratengerichte sowie Mehlspeisen. Dabei unterschied sich die Küche der Münchner natürlich von der Kost der Landbevölkerung, die einerseits ärmer war und andererseits harte körperliche Arbeit leisten musste. Während auf dem Land hauptsächlich Mehlspeisen mit viel Schmalz zubereitet wurden, konnte sich die reichere Stadtbevölkerung mehr Fleisch leisten. In der Mittel- und Oberschicht gab es täglich ein Stück vom Rind oder gerne auch Kalbswürste, manchmal schon zum Frühstück. An Feiertagen aß man Kalbsbraten. Die heute in Bayern so beliebte Kartoffel, die auf bayrisch Erdäpfel heißen, hielt erst im 19. Jahrhundert Einzug in die landestypischen Küchen.

Der Kalbfleischkonsum der Münchner war sprichwörtlich. Angeblich aß man in keiner Stadt der Welt so viel Kalbfleisch wie hier. Um 1840 wurde statistisch gesehen pro Einwohner ein Kalb im Jahr geschlachtet. Dabei mag man gar nicht darüber nachdenken, dass damals Schlachtkälber noch im Dunkeln gehalten wurden, damit ihr Fleisch schön weiß blieb. Eine Praxis, die heute zum Glück verboten ist. Heute wird

165

wohl auch mehr das deutlich günstigere Schweinefleisch als Kalbfleisch verzehrt.

Eine kleine Knödelkunde

Semmelknödel, die ursprünglichsten aller bayrischen Knödel, bestehen aus feingeschnittenen trockenen Semmeln. Sie werden mit heißer Milch übergossen, dazu kommen Butter, Eier, Kräuter und Gewürze. Aus dem Teig werden runde Kugeln geformt, die man in heißem Salzwasser garen (nicht kochen!) lässt.

Reichert der Koch den Teig noch mit angebratenen Speckstückchen an, heißen sie Speckknödel.

Stellt man solche Knödel aus altbackenen (trockenen) Brezen her, dann sind es eben Brezenknödel.

Man isst die Semmel- oder Speckknödel auch gerne zur 'Schwammerlsuppn', wie man in Bayern ein Pilzragout nennt. Oder zum 'sauren Lüngerl', das ist kleingeschnittene Lunge, die in einem Essigsud gesäuert wird.

Behält man Semmelknödel übrig, schneidet man sie in Scheiben, brät sie in der Pfanne knusprig braun und isst sie mit Spiegelei und Salat als 'Resteessen'.

Oder man macht daraus 'Saure Semmelknödel', auch Essigknödel genannt. Dazu bleiben sie kalt, man schneidet sie in Scheiben und richtet sie wie Salat mit Zwiebeln, Essig und Öl, Salz und Pfeffer, kleingeschnitten Essiggurken und eventuell ein paar Scheibchen Fleischwurst an.

Speckknödel oder Leberknödel werden gerne auch in einer kräftigen Fleischbrühe serviert.

Für den Leberknödelteig wird einer Art Semmelknödelteig eine Fleischfarce aus Rinderleber untergemengt. Legt man dann in die Fleischbrühe zusätzlich zu den Leberknödeln noch in Streifen geschnittene Pfannkuchen, Markklößchen, Grießklößchen und Hühnerfleisch ein, heißt das Ganze Hochzeitssuppe.

Die Kartoffelknödel kamen erst im 19. Jahrhundert auf den Tisch. Sogenannte halb und halb Knödel werden zur Hälfte aus geriebenen ungekochten und zur anderen Hälfte aus zerdrückten gekochten Kartoffeln hergestellt. Nimmt man nur rohe geriebene Kartoffeln, sind es 'rohe Knödel' oder zu gut Bayrisch auch Reiberknödel. Nimmt man nur gekochte Kartoffeln, heißen sie gekochte Knödel oder Seidenknödel. In Seidenknödel werden in die Mitte des Knödels auch gerne geröstete Weißbrotwürfel eingelegt.

Stellt man Knödel nur aus gekochten Kartoffeln her und legt man in die Mitte getrocknete Zwetschgen (Pflaumen) ein, sind es Zwetschgenknödel. Sie werden mit einer süßen Soße auch als Nachspeise gereicht.

Die gängigsten bayrischen Gerichte

Insgesamt ist die charakteristische bayrische Küche reichhaltig und schwer. Es gibt so viele typische Gerichte, dass es diesen Rahmen sprengen würde, sie alle zu erwähnen. Hier eine Zusammenfassung der wichtigsten.

Schweinebraten (Schweinsbraten) oder Schweinshax'n mit Knödel - dazu gibt es Kraut oder gemischten Salat.

Böfflamot(t) - ein beliebtes Gericht der Münchner Küche. Rindfleisch wird in Rotwein gebeizt und dann geschmort. Zum Rindfleisch isst man in Bayern gerne auch Blaukraut (Rotkohl).

Sauerbraten – hierzu wird Rindfleisch einige Tage in einer Beize aus Essig und weiteren Zutaten mariniert und dann geschmort.

Tellerfleisch – so nennt man in München den Tafelspitz

Schlachtschüssel oder Schlachtplatte – hierzu werden Kassler, Bauchspeck und frische Blut- und Leberwürste im Sauerkraut mitgegart. Dazu gibt es dunkles Brot, Kartoffeln oder auch Reiberdatschi, die anderenorts Kartoffelpuffer, Reibekuchen, Reibeplätzchen oder Dötscher heißen.

Leberkäs' – obwohl er als 'urbayrisch' gilt und hierzulande zu jeder zünftigen Brotzeit gehört, ist er eine Pfälzer Erfindung. Allerdings weichen die Zutaten der bayrischen Variante etwas ab. Hergestellt wird er hier aus gepökeltem, grob entsehntem Rindfleisch und fettreichem Schweinefleisch. Dazu kommen Speck, Wasser, Salz und Majoran. Zu einer feinen Masse verarbeitet, wird das Brät in eine Kastenform gebacken, bis sich eine braune Kruste gebildet hat. Ursprünglich wurde dem Brät auch Leber beigemengt, worauf heute zumeist verzichtet wird. Die Bezeichnung 'Käse' bezieht sich ausschließlich auf die eckige Form, die eben an einen Käse erinnert.

Gereicht wird der Leberkäse mit Kartoffelsalat. Man isst ihn aber auch gerne auf einer Semmel mit süßem oder scharfem Senf aus der Hand.

Weißwürste – sie gehören zu den bekanntesten Münchner Spezialitäten. Die helle grau-weiße Farbe erhält diese Brühwurst, weil das Brät aus Kalb- oder Schweinefleisch, Schweinerückenspeck und Gewürzen statt mit Nitritpökelsalz nur mit Kochsalz gewürzt wird. Weil es früher keine Kühlschränke gab, in denen man so empfindliche Wurstwaren frischhalten konnte, aß man Weißwürste, die frühmorgens frisch hergestellt wurden, noch vor dem Mittagsläuten. Dazu gab es Brezen, süßen Senf und Weißbier. So isst ein echter Münchner sie heute noch zum sogenannten 'Weißwurstfrühstück'.

Süßspeisen und Nachspeisen

Apfelstrudel – traditionell wird er aus sogenanntem Strudelteig hergestellt, der sehr dünn 'ausgezogen' werden muss, wobei er der unerfahrenen Hausfrau gerne mal reißt. Gefüllt wird der Strudelteig mit Apfelscheibchen und Rosinen, gereicht wird er mit Vanillesoße oder geschlagener Sahne.

Dampfnudeln - es sind eine Art Hefeklöße. Der Hefeteig wird in einem Topf mit Deckel gleichzeitig gebraten und gedämpft, wodurch ein knuspriger Boden und eine weiche Oberfläche entstehen. Nicht jede Köchin schafft es, Dampfnudeln herzustellen. Oft fallen sie ein und schmecken dann nicht. Gereicht werden sie vor allem mit Vanillesoße.

Zwetschgendatschi - zur Zwetschgenzeit lieben die Münchner ihren Zwetschgendatschi mit Sahne. In anderen Regionen heißt er Zwetschgenkuchen oder Pflaumenkuchen. Man stellt ihn traditionell aus Hefeteig her.

Getränke

Zum Essen trinkt man helles Bier, Weißbier bzw. Weizenbier, Radler (Bier und weiße Limonade gemischt), oder auch Weißwein oder Weinschorle (Weißwein mit Wasser gemischt).

Neben dem üblichen Braunbier (Helles) gibt es Rotbier, Schwarzbier und Weißbier, kurz Weizen genannt.

Letzteres ist eine meist obergärige bayrische Biersorte, die man früher nur im Sommer trank. Heute bekommt man 'Weizen' das ganze Jahr über. Der Name bezieht sich auf das verwendete Getreide und die im

Vergleich zu den untergärigen Gerstenbieren hellere Farbe. Es gibt Hefeweizen, das meistens getrunken wird, und Kristallweizen, das aber eher im württembergischen zuhause ist. Da letzteres glasklar ist und sprudelt, nennt man es auch Champagnerweizen. Weizenbier ist schwerer einzuschenken als andere Biersorten und wird in speziellen, hohen und schlanken Gläsern ausgeschenkt. Durch diese Form brauchen die Kohlensäureperlen länger, um nach oben zu steigen, wodurch das Bier länger frisch und spritzig bleibt. Mit Weizenbiergläsern, die dünnwandiger als die Bierkrüge sind, stößt man unten am verstärkten Glasboden an.

Nach einem fetten und reichhaltigen Essen trinkt man gerne mal ein Glas 'Obstler' - einen klaren Schnaps aus einheimischen Obstsorten gebrannt.

Und hat man sich dann den kulinarischen Genüssen der bayrischen Landeshauptstadt hingegeben und verlässt satt und zufrieden die Gaststätte, gibt man der Bedienung auch ein Trinkgeld von etwa zehn Prozent des Rechnungsbetrages.

Mehr zum Thema Essen und Trinken finden Sie unter 'Ein kleiner Sprachkurs in Bayrisch' (Querverlinken)

Währung / Banken / Geld wechseln

Die deutsche Währung ist der Euro. Geld wechselt man in Banken und Sparkassen. In Großstädten gibt es auch Wechselstuben. Das Bezahlen mit Kreditkarten ist verbreitet - besonders Mastercard und VISA. Kleine Beträge bezahlen die Deutschen allerdings lieber in bar. Tankstellen akzeptieren in der Regel auch Kreditkarten, Supermärkte nur die Maestro-Karte.

Öffnungszeiten

In Deutschland liegt die Regelung der Ladenschlusszeiten bei den einzelnen Bundesländern. Nur an Sonn- und Feiertagen bleiben Geschäfte bundesweit geschlossen. Ausnahmen sind an bis zu vier sogenannten 'verkaufsoffenen Sonntagen' möglich.

In Bayern öffnen die Läden frühestens um 6 Uhr morgens und schließen spätestens um 20 Uhr. Ausgenommen sind Bäckereien, die bereits ab 5.30 Uhr öffnen dürfen, sowie Läden mit Sondergenehmigung, Tankstellen, Kioske und Verkaufsstellen in Touristengebieten, an Bahn- und Busbahnhöfen, Häfen, Flughäfen, Autobahnraststätten und Apotheken, die Nacht- bzw. Wochenenddienst haben. Um in letzteren bedient zu werden, muss man klingeln! Die Adresse der aktuellen Notdienstapotheke entnehmen Sie einer Anschlagtafel an der nächstgelegenen Apotheke. Kaufhäuser und Boutiquen öffnen gewöhnlich nicht vor 9 Uhr morgens.

Einkaufen und Souvenirs

Die typischen Souvenirs aus München sind Bierkrüge, Figuren vom 'Münchner Kindl', Trachtenaccessoires, Kuhglocken, Konterfeis von Ludwig dem II., Lebkuchenherzen, Stofftiere in Trachten oder Filzhüte. Solche Mitbringsel finden Sie überall in der Stadt.

Etwas weniger 'klischeehaft' sind Bücher und Bildbände oder allerhand Leckeres zum Essen und Trinken. Hier bieten sich Dallmayr, die Schrannenhalle und der Viktualienmarkt zum Einkaufen an. Die Schrannenhalle ist Münchens ehemalige Getreidehalle, in der 24 Händler und Unternehmen vertreten sind, darunter Feinkost Käfer, Butlers und Hacker-Pschorr. Sie liegt südlich am Viktualienmarkt. Bei Butlers gibt es auch einen schönen Regenschirm mit Münchenmotiven.

Oder man leistet sich geschmackvollen Schmuck für Sammelarmbänder, die in München auch ans Charivari (eine Art Uhrkette) gehängt werden.

Will man den Daheimgebliebenen ein Weißwurstfrühstück servieren, lässt man sich in einer großen Bäckerei bzw. Metzgerei Weißwürste und Brezen einschweißen, kauft dazu Weißbier und die passenden Gläser.

Auch in den Museumsshops findet man manchmal Ausgefallenes wie Drucke, Bücher oder Nachbildungen von Skulpturen.

Telefon / WLAN / Post

Telefonieren

Telefonvorwahl München - 089
Festnetz 0049 International Deutschland / Mobil +49
Festnetz 0043 International Österreich / Mobil +43
Festnetz 0041 International Schweiz / Mobil +41

Da in Deutschland praktisch jeder über ein Mobiltelefon verfügt, gibt es kaum noch Telefonzellen. Findet man keine, kann man in Postämtern telefonieren.

Das Mobiltelefon heißt in Deutschland Handy. Die Netzabdeckung des deutschen Mobilfunknetzes ist meistens sehr gut. Durch den 'Eurotarif' für das Roaming sind die Kosten für Mobilfunktelefonate innerhalb der EU inzwischen begrenzt, horrende Rechnungen gehören der Vergangenheit an.

Post

Marken für Ansichtskarten, die innerhalb Deutschlands versendet werden, sind etwas günstiger als Marken für Briefe innerhalb Deutschlands. Das Porto für Ansichtskarten ins Ausland ist jedoch genauso hoch wie das für Briefe ins Ausland. Man erhält Marken bei Postämtern und in der Regel auch dort, wo man seine Ansichtskarten kauft.

Die Briefkästen der deutschen Post sind gelb! Inzwischen gibt es auch andere Postdienste. Werfen Sie also Briefe, die mit Marken der Deutschen Post frankiert sind, ausschließlich in die gelben Kästen, denn sonst kommen sie nicht an.

Kostenloses WiFi

An zahlreichen Plätzen in München ist das Gratis-Angebot M-WLAN verfügbar, mit dem man kostenlos im Internet surfen kann. Folgende M-WLAN liegen auf unserer Route: Hauptbahnhof, Karlsplatz Stachus, Marienplatz, Marienhof (die Parkanlage vor Dallmayr), Odeonsplatz und Viktualienmarkt.

Falls Sie das Deutsche Museum oder den Olympiapark besuchen – auch dort können Sie kostenlos im M-WLAN surfen. Wer sich in das drahtlose Netz einwählt, muss lediglich die Nutzungsbedingungen akzeptieren.

Klima

Aufgrund relativ großer Höhenunterschiede im Stadtbereich herrschen in den verschiedenen Stadtteilen häufig auch verschiedene Klimaverhältnisse. Im Osten regnet es mehr als im Westen, im Norden tritt öfter Nebel auf als im Süden. München wird nicht nur relativ häufig von Gewittern und Unwettern heimgesucht, es ist auch die schneereichste Großstadt Deutschlands. Am kältesten wird es im Januar mit +3° C bis -3° C, am wärmsten im Juli/August mit um die

27°. In Ausnahmefällen kann das Thermometer auch mal auf 37 Grad steigen oder die Temperatur im Winter extrem abfallen. Übers Jahr gesehen herrscht jedoch ein relativ kühles und wechselhaftes Klima. An durchschnittlich zehn Tagen im Jahr weht der Föhn, ein warmer, trockener Fallwind, der für extreme Fernsicht sorgt – so gut, dass man von München aus die Alpen sehen kann – und manchen Menschen heftige Kopfschmerzen bereitet.

Olympiapark mit Fernsehturm und BMW-Welt im Vordergrund

Was tun wenn ... Infos für Notfälle

Notruf – Krankheit und Unfall

Euronotruf 112 / Polizei 110

Tipp: Alle oben genannten Notrufnummern funktionieren ohne Vorwahl und sind kostenlos, egal ob Sie von zu Hause oder mit einem deutschen oder ausländischen Mobiltelefon anrufen.

Bei Krankheit - erreichen Sie unter der bundesweit einheitlichen Rufnummer 116 117 den ärztlichen Bereitschaftsdienst niedergelassener Ärzte, die Patienten in dringenden medizinischen Fällen ambulant behandeln - auch nachts, an Wochenenden und an Feiertagen. Der Bereitschaftsdienst ist nicht zu verwechseln mit dem Rettungsdienst, der in lebensbedrohlichen Fällen Hilfe leistet. Bei Notfällen, wie Herzinfarkt, Schlaganfall und schweren Unfällen alarmieren Sie den Rettungsdienst unter der Notrufnummer 112.

Bitte beachten Sie: In Krankenhäusern werden ausschließlich Notfälle behandelt!

Bei Zahnschmerzen: Zahnärztlicher Notdienst Vermittlung e.V. (A&V) Tel: 089/30005515

Tipp: Wenn Sie aus Österreich kommen, nehmen Sie auf jeden Fall einen EU-Krankenschein bzw. Ihre Auslandskrankenkassenkarte mit. Beim Arzt werden Sie nach Vorlage kostenlos behandelt. Bei Zahnbehandlungen fällt eine Eigenbeteiligung an, ebenso bei Medikamenten.

Schweizer Bürger müssen bar bezahlen.

Konsulate

Österreich –
Adresse:
Generalkonsulat der Republik Österreich
Ismaninger Straße 136
81675 München
Tel.: 089 998150
 Fax: 089 9810225
Webseite: https://www.bmeia.gv.at/gk-muenchen/

Oder in Notfällen: Bereitschaftsdienst der Österreichischen Botschaft in Berlin unter der Telefonnummer +49 30 202 87-0 oder das Österreichische Außenministerium unter der Tel. +43 50 11504411

Schweiz –

Adresse:

Generalkonsulat Schweiz

Prinzregentenstr. 20

80538 München

Tel. 089-2866200

Fax 089-28057961

Webseite https://www.eda.admin.ch/muenchen

Pannen- und Notfallhilfe der Automobilclubs

ADAC

bei Fahrzeugschaden telefon-icon.gif +4989 22 22 22
bei Erkrankung und Verletzung telefon-icon.gif +4989
76 76 76

In vielen Urlaubsländern betreibt der ADAC eigene
Notrufstationen mit deutschsprechenden Mitarbeitern. An diese werden Sie automatisch von der Zent-
rale in München weiterverbunden.

ÖAMTC

Tel: +43 12512000 – Notruf und Rechtsberatung
TCS

Dringende Assistance-Anfragen rund um die Uhr: Einsatzzentrale ETI / Chemin de Blandonnet 4 / CP 820 1214 Vernier / Tel: +41 588272220 / Fax +41 588275012 / email: eti@tcs.ch

Bei einem medizinischen Notfall im Ausland unverzüglich die ETI Einsatzzentrale benachrichtigen!

Falls Ihre Geldkarte verloren ging

Es gibt einen allgemeinen Sperr-Notruf, die aus dem In- und Ausland unter der Nummer (0049) 116 116 erreichbar ist. In Fällen, in denen der ausländische Telefonanbieter diese Nummer nicht verarbeiten kann, steht alternativ die (0049) 3040504050 zur Verfügung. Sprach- oder Hörgeschädigte können unter der gleichen Nummer auch eine Sperrung per Fax veranlassen.

Speziell für Euro/Mastercard: sperren unter Tel. 0049-69-79331910 oder im Notfall als R-Gespräch 001-314-275-6690

Speziell für Visa: sperren unter Tel. 800-819-014 oder im Notfall als R-Gespräch 001-303-967-1096

Schweizer wenden sich bei Verlust ihrer Master Card an die: 0800 897 092, bei Diebstahl von Karten, Dokumenten oder Handys (SIM-Karte) oder bei Zwischenfällen rund um Autoschlüssel und -radios an die Telefonnummer +41 58 827 22 20 (rund um die Uhr)

Österreicher wenden sich bei Verlust der Kreditkarte an Tel.: 0043 1204 8800 Sperr-Notruf für EC/Kreditkarten / Visa: +43 1171111-770 /
Pay Life: +43 1717014500

Ein kleiner Sprachkurs in Bayrisch

So grüßt man auf Bayrisch

Dass waschechte Bayern auch einen Fremden duzen, ist nicht als Unhöflichkeit zu verstehen. Sie sagt man nur zu wirklich hochgestellten Persönlichkeiten, und selbst dann hört man schon mal: Griaß di (grüß dich), Herr Professor.

Griaß Gott, griaß di, griaß enk oder griaß eich – das sagt man, wenn man sich trifft. di bedeutet dich, enk/engg oder eich bedeutet euch.

Etwas aus der Mode kommen ist das 'habedere' was übersetzt heißt: Ich habe die Ehre. Man sagt es nur zu Leuten, die man besser kennt.

Servas oder Servus ist ein lockerer Gruß, aber ebenfalls nicht unhöflich. Man sagt es sowohl zur Begrüßung als auch zum Abschied und immer gern zu größeren Gruppen, wenn man z.B. ein Wirtshaus betritt.

Trennt man sich, sagt man pfiat eahna (siezend), oder pfiat Gott oder auch Wiedaschaugn, was 'auf Widersehen' bedeutet. Wenn man duzt sagt man pfiat di, pfiat enk, pfiat eich. Das 'pfiet' ist eine Verkürzung von 'behüte dich/euch Gott)

Die allerwichtigsten Gebrauchswörter

Joh bedeutet Ja, naa bedeutet nein
i bedeutet ich, mia bedeutet wir
Bitt schee bedeutet bitte (schön)
Dank schee bedeutet Danke (schön)
schoh bedeutet schon - guad heißt gut
need bedeutet nicht, nix heißt nichts
wohs heißt was
wiavui heißt wieviel
wohih heißt wohin

a Gaudi ist ein Spaß, ein Vergnügen

Und falls Sie sich in Bayern verlieben sollten, sagen Sie ganz einfach: „I mog di!" – denn von Liebe spricht der Bayer für gewöhnlich nicht, die macht er einfach.

Zum Essen gibt es

Semmeln statt Brötchen und Breezn statt Brezen. Statt einem Ei isst man ein Oa und wer zum Frühstück Quark will, bestellt Topfen.

Eine Suppe nennt man Suppn, Kartoffeln Erdäpfel, Klöße sind Knödel, zum Schweinebraten sagt man Schweinsbraten. Wer Eisbein will, bestellt 'a Schweinshaxn'. Frikadellen oder auch Buletten heißen in Bayern Fleischpflanzerl. Und hat man Lust auf Rinderschmorbraten, bestellt man Böfflamott. Dieses Wort hat sich zu Napoleons Zeiten aus dem Begriff 'Boeuf al la mode' entwickelt, was übersetzt 'Rindfleisch nach Art der Mode' heißt. Isst man lieber gegrilltes Huhn, bestellt man a Hendl. Und zu all diesen Köstlichkeiten trinkt man eine Hoiwe (einen halben Liter Bier) oder wenn man sehr durstig ist a Maaß, also einen ganzen Liter. Es heißt übrigens die Maß und nicht etwa das Maß.

Wurst heißt Wurscht, Wurstsalat spricht man 'Wurschtsolohd' aus. Weißwürste sind Weißwiascht, Bratwürste heißt man Schweinswiaschtl. Fleischkäse oder Leberkäse (ist Wurst und kein Käse!) heißt man Lebakaas und isst man mit Senf(t).

Will man geräucherten Schinken, bestellt man Greichats. Rettich ist in Bayern ein Raadi, Radieschen sind Raadiesal und Pilze Schwammerl.

Unter Obaazda (bedeutet vermanscht) versteht man reifen Camembert, der mit Paprika, Butter, Salz und feingehackten Zwiebeln zu einem Brotaufstrich vermischt wird.

Ein Napfkuchen heißt im Bayrischen Gugelhupf, und das was anderenorts Berliner genannt wird, ist in Bayern ein Krapfen. Bonbons und andere mundgerechte Süßigkeiten nennt man Guatl.

Bei all dem wünscht man sich 'an Guadn!'

Und so zählt man:

1 – oans, 2 - zwoa, 3 - drei, 4 - vier(e), 5 fimf(e), 6 sechs(e), 7 siem(e), 8 acht(e), 9 nei(ne), 10 – zen(e), 11 – elf(e), 12 – zwelf(e) …

20 zwanzg(e), 30 dreißg(e), 40 vierzg(e),50 fuchzg(e), 60 sechzg(e), 70 siebazg, 80 achzg(e), 90 neinzg(e), 100 hundat, 1000 dausat

Fazit: Bayrisch ist wirklich nicht leicht! Aber keine Sorge, man versteht Sie auch, wenn Sie Hochdeutsch sprechen …!

Sämtliche Angaben erfolgen unverbindlich und ohne Gewähr. Wir beziehen uns mit unseren Aussagen auf persönliche Erfahrungen, Recherchen im Internet, Webseiten der Stadt sowie auf Hinweise der Touristik-Information.

Wenn Ihnen unser Reiseführer gefällt, freuen wir uns über eine positive Bewertung bei Ihrem Internethändler. Sollte das Gegenteil der Fall sein, setzen Sie sich gerne direkt mit uns in Verbindung, wir stehen für konstruktive Anmerkungen offen. Da sich Telefonnummern, Internetseiten und örtliche Gegebenheiten von einem Tag auf den anderen ändern können, nehmen wir Korrekturvorschläge gerne an.

Unser Verlagsprogramm

Reiseführer

Cres und Lošinj
ISBN Buch: 978-3-946280-54-5
ISBN E-Book: 978-3-946280-53-8
ASIN: B07B8NRDL2

Kreuzfahrt Madeira & Kanaren
ISBN Buch: 978-3-946280-26-2
ISBN E-Book: 978-3-946280-34-7
ASIN: B01F3STFFE

Krk -
ISBN Buch: 978-3-946280-17-0
ISBN E-Book: 978-3-946280-12-5
ASIN: B017WDI53G

Sevilla -
ISBN Buch: 978-3-946280-22-4
ISBN E-Book: 978-3-946280-09-5
ASIN: B015WKTK8K

Amsterdam –
ISBN Buch: 978-3-946280-21-7
ISBN E-Book: 978-3-946280-04-0
ASIN: B015WKTX8W

Salzburg -
ISBN Buch: 978-3-946280-24-8
ISBN E-Book: 9783946280019
ASIN: B0158B5ZC

Kopenhagen -
ISBN Buch: 978-3-946280-25-5
ISBN E-Book: 978-3-946280-03-3
ASIN: B015D045U2

Avignon -
ISBN Buch: 978-3-946280-49-1
ISBN E-Book: 978-3-946280-48-4
ASIN: B074C61QS5

München –
ISBN Buch: 978-3-946280-28-6
ISBN E-Book: 978-3-946280-29-3
ASIN: B01NH9HJPM

Prag -
ISBN Buch: 978-3-946280-20-0
ISBN E-Book: 978-3-946280-08-8
ASIN: B015WKTUNU

Venedig -
ISBN Buch: 978-3-946280-19-4
ISBN E-Book: 978-3-946280-10-1
ASIN: B015WKU1I8

Nürnberg -
ISBN Buch: 978-3-946280-18-7
ISBN E-Book: 978-3-946280-00-2
ASIN: B015WKTUNU

Danzig -
Buch - ISBN: 978-3-946280-23-1
ISBN E-Book: 978-3-946280-06-4
ASIN: B015WKTRA6

Trier –
ISBN Buch: 978-3-946280-36-1
ISBN E-Book: 978-3-946280-35-4
ASIN: B01IDCGDES

Von Trennung, Tod und Trauer – Angeline Bauer
ISBN Buch: 978-3-946280-32-3
ISBN E-Book: 978-3-946280-02-6 / ASIN:
B015D045U2

Angst überwinden und stark sein – Angeline Bauer
ISBN Buch: 978-3-946280-31-6
ISBN E-Book: 978-3-946280-05-7 / ASIN:
B015WKTRYW

So finde ich mein Glück – Angeline Bauer
ISBN Buch: 978-3-946280-30-9
ISBN E-Book: 978-3-946280-07-1 / ASIN:
B015WKTWRY

Die Holunderküche -
ISBN Buch: 978-3-946280-40-8
ISBN E-Book: 978-3-946280-11-8 / ASIN:
B017WCDE1

Können Igel fliegen?
Alles, was Kinder über Igel wissen wollen
ISBN E-Book 978-3-946280-68-2
ISBN Buch 978-3-946280-69-9 / ASIN:B094NGBW6J

Perle aus der Hundefabrik – Angeline Bauer
Acht berührende Hundegeschichten
ISBN E-Book: 978-3-946280-74-3
ISBN Buch: 978-3-946280-75-0 / ASIN:
B0BKH23GK9

Verhängnisvolle Liebe einer Hofnärrin – Angeline Bauer
Historischer Roman
ISBN Buch: 978-3-946280-70-5
ISBN E-Book 978-3-946280-71-2 / ASIN:
B09NW7T162

Mord mit Herz - Ronda Hendrikus
Acht Ladykrimis für zwischendurch
ISBN E-Book: 978-3-946280-13-2 / ASIN: B0182GC8JY

Verlorene Töchter - Ronda Hendrikus
Sieben Ladykrimis für zwischendurch
ISBN E-Book: 9783946280415 / ASIN: B01MSY9JRO

Cognac mit Schuss - Ronda Hendrikus
Acht Ladykrimis für zwischendurch
ISBN E-Book: 978-3-946280-15-6 / ASIN:
B018K9SH16

Geliebter Mörder - Ronda Hendrikus
Sieben Ladykrimis für zwischendurch

ISBN E-Book: 978-3-946280-14-9 / ASIN:
B018K9SV76

Seine letzte Bahnfahrt - Ronda Hendrikus
Neun Ladykrimis für zwischendurch
ISBN E-Book 978-3-946280-63-7 / ASIN:
B088HGHVB6

Oje, du fröhliche … - Friederike Costa
Vierzehn Weihnachtsgeschichten
ISBN E-Book: 978-3-946280-16-3 / ASIN: B018UJZF8E

Oma, hast du Strapse? - Friederike Costa
18 Kurzgeschichten für Frauen im besten Alter
ISBN E-Book: 978-3-946280-37-8 / ASIN:
B01LF7QIWK

Liebe süß und scharf – Friederike Costa
13 Kurzgeschichten mit Rezepten
ISBN E-Book: 9783946280422 / ASIN: B01N7K6FQN

Im Feuer der Liebe – Lina-Sophia Clement
Historischer Liebesroman
ISBN E-Book: 978-3-946280-52-1 / ASIN:
B075CMT4X8

Die Liebe einer Königin – Lina-Sophia Clement
Acht historische Kurzromane
ISBN E-Book: 978-3-946280-55-2 / ASIN:
B07CK7MSVT